Katrin Schneider
Cinema Provinziale

KATRIN SCHNEIDER

CINEMA PROVINZIALE
LICHTSPIELTHEATER IN DER PROVINZ

Bibliografische Information der Deutschen Nationalbibliothek
Die Deutsche Nationalbibliothek verzeichnet diese Publikation in der
Deutschen Nationalbibliografie; detaillierte bibliografische Daten sind im Internet über
http://dnb.d-nb.de abrufbar.

Diese Publikation wurde von der Stiftung Kulturwek der VG Bild-Kunst gefördert

Schüren Verlag GmbH
Universitätsstr. 55 | 35037 Marburg
www.schueren-verlag.de
© Schüren 2024
Alle Rechte vorbehalten
Konzept: Manfred Wigger, Hamburg / Katrin Schneider
Lektorat: Cathrin Siegler, Raum Mannheim – Büro für visuelle Kommuniktion
Gestaltung: Erik Schüßler
Umschlaggestaltung: Wolfgang Diemer, Frechen
Druck: KOPA – The Art of Printing
Printed in Lithuania
ISBN 978-3-7410-0477-3

Inhalt

Vorwort	6
Baden-Württemberg	8
Bayern	36
Brandenburg	64
Hessen	84
Mecklenburg-Vorpommern	108
Niedersachsen	128
Nordrhein-Westfalen	156
Rheinland-Pfalz	180
Saarland	204
Sachsen	224
Sachsen-Anhalt	244
Schleswig-Holstein	264
Thüringen	284
Quellen	304
Dank	309

Vorwort

Meinen ersten Film habe ich im Kino von Eggesin gesehen, einem kleinen Ort im Nordosten, nahe der Grenze zu Polen. In der DDR war Eggesin als Armeestandort verpönt, aber meine Oma wohnte dort und in den Ferien stromerte ich gemeinsam mit meinen Cousins durch die vorpommerschen Wälder. Die Luft roch nach Kiefernnadeln und Staub und das Flüsschen Randow erschien mir wie der Amazonas. Das Leben war anderswo, aber das Leben war trotzdem dort. Besonders für einen sechsjährigen Jungen.

Und dann gab es diesen magischen Ort – das Kino. In meiner Erinnerung ein unscheinbarer, grauer Kasten, aber draußen hingen aufregend-bunte Plakate voller Versprechungen. Ich ging mit meinen älteren Cousins daran vorüber und es beflügelte die Fantasie, wenn die Leute dort Schlange standen oder mit verheulten Gesichtern wieder ans Tageslicht traten. Neben den verräucherten Kneipen und der kleinen Kirche war das Kino der einzige Ort der Begegnung in Eggesin.

Eines Tages lief dort WEISSE WÖLFE, ein neuer Indianerfilm der DEFA – und irgendwie schafften wir es, uns trotz Altersgrenze in den kleinen Saal zu schmuggeln. Schmucklos und mit einfachen Klappstühlen aus Holz gab es dort erst einmal nichts zu sehen. Aber es roch förmlich nach den Abenteuern, die man erleben konnte. Und dann wurde es dunkel. Der Film begann. Ich war überwältigt von der riesigen Leinwand, den überlebensgroßen Menschen und weiten Landschaften, befand mich auf einmal mitten im Wilden Westen, ritt mit Gojko Mitić durch die Prärie, kämpfte mit ihm gegen die Siedler und Mörder seiner Frau und weinte am Ende bittere Tränen, als er erschossen wurde. Die Straßen von Eggesin sahen anders aus danach. Und mein Leben auch. Ich hatte mich verliebt: in Filme, in das Kino.

Nicht anders muss es Katrin Schneider gegangen sein. Denn sie setzt in diesem Buch den verzauberten Orten, in denen viele Menschen prägende Erfahrungen machen, ein Denkmal. Sie sind Heimat der Fantasie, oft wunderschöne Hüllen und dennoch dafür geschaffen, im Dunkel zu versinken und ihre Besucher nach Anderswo zu entführen. Sie heißen «Lichtspiele», «Filmpalast», «Dampfsäg» oder «Kunstbauerkino» und sind häufig die allerletzten Stätten kultureller Begegnung in ihren kleinen Orten. Denn es sind eben *nicht* die Kinos der Metropolen, die hier verewigt werden, sondern die in der sogenannten Provinz – und deswegen erzählen diese Bilder auch von der ungebrochenen Liebe zu Kunst und Kultur jenseits der großen Städte. Die Betreiber dieser Kinos widersetzen sich häufig mit viel List und Idealismus den Gesetzen des sogenannten Marktes. Sie sind die stillen Heldinnen und Helden dieses Buches. Man spürt ihre Liebe, ihre Kinos zu etwas ganz Besonderem zu machen, verschroben-verspielt oder aufgeräumt-pragmatisch. Die Geschichte ihrer Häuser beschreibt den kulturellen und gesellschaftlichen Wandel in unserem Land. In vielen der Bilder lassen sich die Veränderungen direkt ablesen.

Filme kann man heute auf unterschiedlichste Art und Weise sehen: Man tippt mit dem Cursor auf einen Titel und es geht los. Ins Kino aber geht man meist absichtsvoll, hat etwas über den Film gehört oder gelesen. Man verabredet sich mit Freunden, kümmert sich um Betreuung für die Kinder, vielleicht braucht man ein Auto oder den Regenschirm für den

Weg. Dann kauft man ein Ticket und sitzt zu einer verabredeten Zeit im Saal. Vielleicht ist man auch aufgeregt, weil man ein Date hat. Die Dunkelheit lädt ein zu Nähe und Küssen.

Kinos sind Orte der sozialen Verabredung. Man trifft dort auf andere Menschen und erlebt im schönsten Fall mit ihnen gemeinsam eine emotionale Achterbahnfahrt. Man lacht, weint, entdeckt sich selbst in den Figuren auf der Leinwand, vergisst die Zeit und die eigene Wirklichkeit, taucht ein, erlebt und fühlt fremdes Leben. Man kann mit der «Titanic» untergehen, ohne nasse Füße zu bekommen, kann darüber nachdenken, ob man tapfer mit der Bordkapelle bis zum Ende ausharren oder sich vielleicht mit einem fremden Kind im Arm in ein Rettungsboot schmuggeln würde. Und nimmt diese Erfahrungen mit in den Alltag.

Aber in der Dunkelheit des Kinos ist man meist nicht allein. Man spürt den Atem der anderen Besucher, ihren Schreck, ihr Seufzen. Sie haben die gleichen Erlebnisse, die gleiche innere Bewegung. Verschämt wischt man sich die Tränen weg, wenn es nach dem Abspann zurück in die Wirklichkeit geht. Und doch bleibt da dieses Gefühl, für kurze Zeit nicht einsam gewesen zu sein. Da waren Menschen mit ähnlichen Gefühlen und Erfahrungen, man war einander nah, wenn auch nur für zwei Stunden im dunklen Kinosaal. Und vielleicht redet man im Anschluss miteinander über das Erlebte, in der Kneipe, bei der Zigarette danach, an der Bushaltestelle oder auf dem Parkplatz. Die Erfahrung von Gemeinschaft und Kommunikation kann etwas sehr Tröstendes haben.

Kino ist ein romantischer Ort, so wundersam wie paradox. Man geht in einen abgeschlossenen Raum ohne Fenster und Licht, um die Welt zu erfahren. Die Realität lässt sich manchmal in ihrer Abwesenheit am besten erkunden. Und im schönsten Fall kehrt man als ein etwas anderer Mensch wieder in sie zurück, wandert eine innere Bewegung vom Bauch bis in den Kopf und setzt sich dort fest. Filme können nicht die Welt verändern, aber die Menschen, die sie sehen. Kinos sind Orte, die vom Glauben an diese Utopie erzählen, man spürt es beim Betrachten der Bilder in diesem Buch.

Das Kino in Eggesin gibt es übrigens nicht mehr. Das macht mich traurig.

Andreas Dresen

Baden-Württemberg

Traumpalast
Backnang

Ein Traum in Blau. Der «Traumpalast» in Backnang löst ein, was sein poetischer Name verspricht: fünf Säle, die allesamt individuell und märchenhaft in der Farbe Blau gestaltet sind.

Ganz deutlich trägt das Kino die Handschrift von Heinz Lochmann, der mit seinem Unternehmen «Lochmann Filmtheaterbetriebe» insgesamt zehn Kinos betreibt. Ab 1995 übernahm er mehrere von der Schließung bedrohte Lichtspielhäuser und baute sie zu seinen fantasievoll gestalteten Traumpalästen um. 2007 rettete er das Hamburger «Passage Kino» in der Mönckebergstraße vor der endgültigen Schließung. In Leonberg realisierte Lochmann 2016 sein erstes selbst entworfenes Kino mit zehn Sälen, inklusive Bowlingbahn und zwei Restaurants. Später wurde noch ein IMAX-Kino angebaut.

Mit dem «Traumpalast» in Backnang übernahm Lochmann im Jahr 2012 ein Haus mit langer Tradition. Es wurde als Familienbetrieb unter den Besitzern Bäuerle zunächst als «Lichtspielhaus Backnang» im Jahr 1915 eröffnet, dann ab 1939 unter dem Namen «Neues Filmtheater» und mit vergrößertem Kinosaal weitergeführt. Bis 1967 war das Kino im Familienbesitz, danach folgten einige Besitzerwechsel, bis Lochmann 2012 das Kino übernahm und in «Traumpalast» umtaufte. Gezeigt werden aktuelle Blockbuster, Kinderfilme, Filmkunst und Live-Opernübertragungen.

Baden-Württemberg

Centraltheater
Leutkirch

Viel Herzblut und Engagement sichern das Bestehen des «Centraltheaters» in Leutkirch. Der hiesige Filmclub rund um Filmfan Wolfgang Bietsch gründete eigens einen gemeinnützigen Verein, um ihr lokales Kino zu retten. Der bisherige Pächter hatte den Vertrag nicht verlängert und die Zukunft des «Centraltheaters» war ungewiss. Anfang 2012 gelang es dem Verein «Cineclub Leutkirch», das Traditionskino zu erwerben sowie in den Folgejahren einige Umbaumaßnahmen und die Digitalisierung zu stemmen. Der «Cineclub» hat mittlerweile über 300 Mitglieder. Das engagierte Kinoteam arbeitet ausschließlich ehrenamtlich. Vierteljährlich treffen sich alle zur Programmsitzung, in der die Filme für das kommende Quartal ausgewählt werden.

Bereits 1921 eröffnete das Lichtspielhaus und war annähernd 60 Jahre in Besitz der Familie Großmann. 1956 erhielt das «Centraltheater» seinen bis heute prägenden 1950er-Jahre-Charme. Das Kassenhäuschen sowie viele Details sind noch erhalten. Damals wurde es unter der Regie von Besitzerin Mathilde Großmann umgebaut und auf 160 Sitze im Parterre und 85 Sitze auf dem neuen Balkon vergrößert. Nach dem Verkauf des Kinos Mitte der 1980er-Jahre an Peter Basmann folgten weitere Modernisierungsmaßnahmen und der Saal wurde auf 120 Sitze reduziert.

Baden-Württemberg

Kino im Waldhorn
Rottenburg

Modernes Konzept hinter denkmalgeschütztem Gemäuer: Das «Kino im Waldhorn» ist im vornehmsten und teuersten Haus Rottenburgs beheimatet – zumindest laut eines Steuerbescheids aus dem Jahr 1670. Filme wurden in der Königstraße 12 ab dem Jahr 1953 gezeigt. Franz Edel eröffnete damals in einer Gaststätte im Haus die «Waldhorn-Lichtspiele» und führte sie bis 1959. Es folgten häufige Besitzerwechsel und Schließungen, bis Elmar Bux 1995 das Kino in dem prächtigen Barockgebäude übernahm. Er betreibt das «Waldhorn» als klimaneutrales Kino, der CO_2-Verbrauch wird durch ein Wiederaufforstungsprogramm ausgeglichen. Neben Filmen finden hier Kabarett- und Comedy-Aufführungen statt. Schon mehrfach wurde das «Kino im Waldhorn» für sein herausragendes Programm ausgezeichnet. 2021 erhielt es für das Jahresfilmprogramm den Spitzenpreis der Medien- und Filmgesellschaft Baden-Württemberg.

Baden-Württemberg

Krone-Theater
Titisee

Als «Provinz-Kino» im besten Sinne des Wortes beschreibt Kinobetreiber Leopold Winterhalder sein «Krone-Theater», das er 1999 von der damaligen Besitzerin Christine Scherer übernahm. Seit gut 25 Jahren führt er das 1950 von Fritz Stein eröffnete Kino in Titisee und hat es über die Jahre beständig modernisiert und renoviert. Im Dezember 2003 konnte mit dem ‹Krönli› ein kleiner zweiter Saal eröffnet werden. 36 Logenplätze und 108 Parkett-Plätze stehen im großen Saal zur Verfügung. Geboten werden Filmkunst sowie Kinder- und Sondervorstellungen. Einmal im Monat wird in Kooperation mit einem benachbarten Restaurant ein Frühstückskino ausgerichtet.

Baden-Württemberg

Subiaco e.V.
Alpirsbach

Kino im Kloster. 1997 gründete der Pfarrer Michael Graff den Kinoverein in dem 900 Jahre alten ehemaligen Benediktinerkloster Subiaco. Der Name bezieht sich auf einen kleinen Ort in der Nähe von Rom, in dem der Einsiedler Benedikt von Nursia in einer Höhle gelebt haben soll. Passend zum zweiten weltlichen Leben des Hauses ist Subiaco auch der Geburtsort von Leinwandlegende Gina Lollobrigida. Das heutige Kino mit 50 Plätzen befindet sich ausgestattet mit modernster Technik im ehemaligen Speisesaal des Abtes. Gezeigt werden Filmkunst- und Klassiker. Das kleine Lichtspielhaus wird vom äußerst aktiven Verein «Subiaco» ehrenamtlich geführt, er betreibt daneben noch ein Kino im Kurhaus Freudenstadt und ein weiteres in einer ehemaligen Fabrikhalle in Schramberg.

Baden-Württemberg

Kulisse
Ettlingen

Ein nachhaltiges Kino in einer ehemaligen Reithalle. Mit der «Kulisse» in Ettlingen hat sich Kinoliebhaber Marcus Neumann im Jahr 2000 einen lang gehegten Traum erfüllt: Auf dem Gelände der einstigen Rheinlandkaserne betreibt er sein Kino mit Eventlocation. Sein Konzept setzt dabei auf Nachhaltigkeit. Bei Getränken und Snacks lautet die Devise unverpackt und regional. Das Gebäude ist mit Fotovoltaikmodulen ausgestattet und somit bereits heute klimaneutral, außerdem gibt es regelmäßig Filmreihen zu Nachhaltigkeitsthemen. Das Kinoprogramm wird im Sommer durch das Open-Air-Kino auf dem Dickhäuterplatz vor dem Gebäude ergänzt.

Die Rheinlandkaserne war unter Kaiser Wilhelm II. bis 1920 eine Unteroffiziersschule. Nach dem Zweiten Weltkrieg bis ins Jahr 1950 diente sie zur Unterbringung von Vertriebenen und Geflüchteten, bevor das amerikanische Militär das Gelände nutzte. 1995 verließen die Verbände der US-Armee Ettlingen, sodass wieder Raum frei wurde – unter anderem für das Kino Kulisse in der ehemaligen Reithalle.

Baden-Württemberg

Central Theater
Müllheim

Michael Karg wurde die Kinoliebe schon in die Wiege gelegt. Er betreibt das «Central Theater» seit 2007 in dritter Generation. 1936 eröffneten seine Großeltern Hedwig und Werner das erste Kino in Müllheim in der Wilhelmstraße. 1951 zogen sie mit ihrem Lichtspielhaus in einen Neubau in der Werderstraße und damit in das heutige Gebäude um. Die Familie Karg betrieb ab 1966 noch das «Kino im Rathaus» in Buggingen sowie zwischen 1973 und 1984 die «Blumenlichtspiele» in Kandern. 1985 kam das «Kino im Stadthaus» in Neuenburg hinzu. Ein Jahr zuvor hatten Ruth und Jochen Karg, die Eltern von Michael, die Kinos übernommen – noch heute helfen sie aktiv im Kinounternehmen mit. Zwischen 2010 und 2013 wurden alle Kinos digitalisiert, der Charme des Saals im «Central Theater» ist dennoch ungebrochen. Das Programm bietet aktuelle Filme, Arthouse-Kino sowie Kinder- und Dokumentationsfilme.

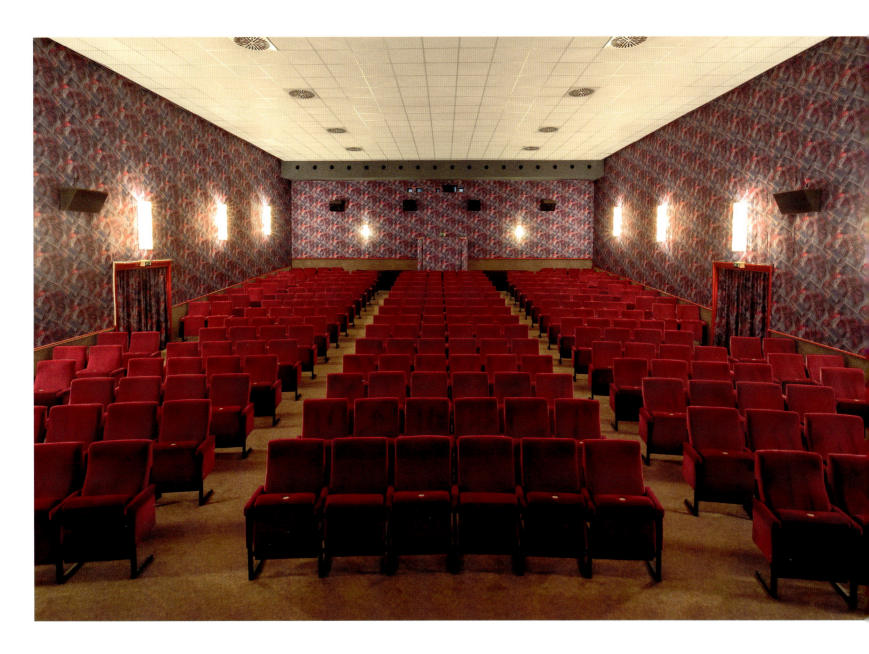

Bayern

Filmhaus Huber
Türkheim

Die Krone über der Leinwand des Kinosaals zeugt noch vom alten Namen: Weihnachten 1949 nahmen die «Kronenlichtspiele» von Josef und Fanny Wiedemann ihren Betrieb auf. Schon vor und während des Zweiten Weltkriegs galt ihre Gaststätte «Zur Krone» als beliebter Treffpunkt, an dem Wanderkino geboten wurde. Als das Gasthaus im März 1948 vollständig niederbrannte, beschlossen die Wiedemanns, eine neue Gaststätte mit darüber gelegenem Kino zu bauen.

Im Laufe der Jahre wechselten die Betreiber mehrfach, bis Rudolf Huber 1996 das Kino übernahm und schließlich in «Filmhaus Huber» umbenannte. 2001 modernisierte er die Kinotechnik, restaurierte grundlegend und erweiterte das Lichtspielhaus um einen weiteren Kinosaal. 2021 übernahm Kai Erfurt die Geschäfte.

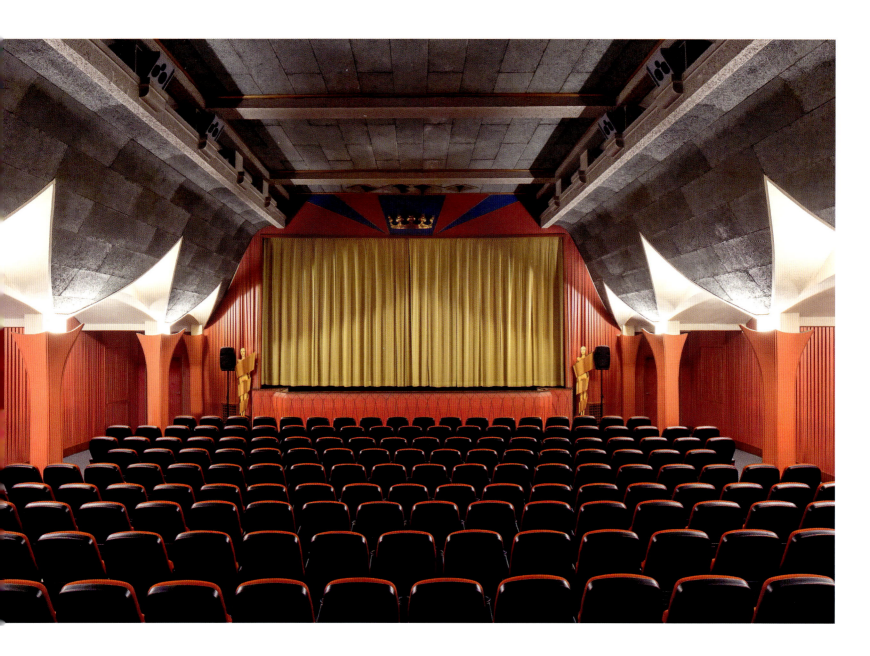

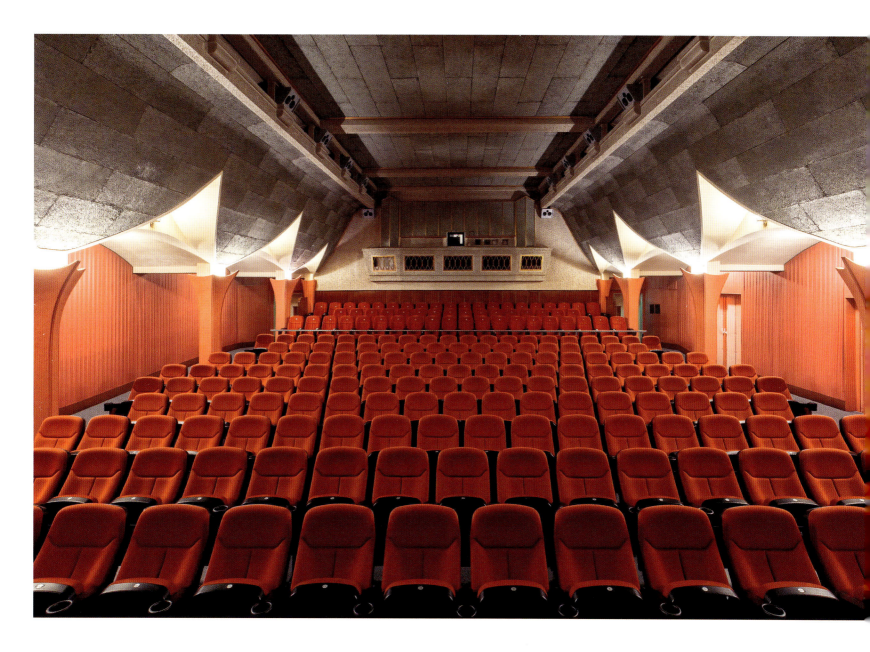

Bayern

Marias Kino
Bad Endorf

Maria Stadler ist eine Legende der deutschen Kinogeschichte: Sie erhielt im Dezember 1945 von der amerikanischen Besatzungsmacht die Lizenz zum Betreiben eines Lichtspielhauses in Bad Endorf. Zunächst entschied sie sich dafür, ein Wanderkino zu betreiben, um die Orte der Umgebung mit Filmen zu versorgen. Mit zwei gebrauchten Projektoren wurde sie ab 1953 schließlich sesshaft und unabhängig von unsteten Wetterlagen. Fortan betrieb sie bis zu ihrem Tod im Dezember 1994 «Marias Kino».

Berühmtheit erlangte Maria Stadler durch den im Winter 1976/77 gedrehten Dokumentarfilm OB'S STÜRMT ODER SCHNEIT von Doris Dörrie und Wolfgang Berndt, die zu dieser Zeit in München Film studierten. Als Kinobetreiberin wurde Maria Stadler mehrfach ausgezeichnet und erhielt das Bundesfilmband in Gold. Weitergeführt wird das Programmkino seit 1995 von einer kinobegeisterten, ehrenamtlichen Mitarbeiterschar.

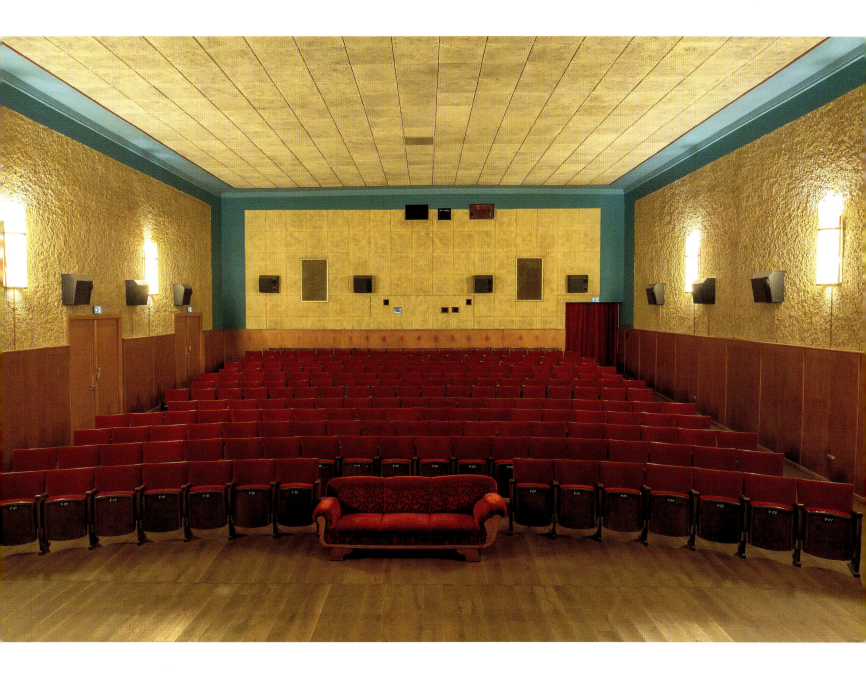

Bayern

filmburg – Das Theaterkino
Marktoberdorf

Ein hochmodernes, geschwungenes Gebäude ohne Ecken und Kanten. Der Architekt Eduard Wiedemann schuf mit der «filmburg» einen bis heute faszinierenden Bau. Mittlerweile wurde er in das Archiv des Architekturmuseums der Pinakothek der Moderne in München aufgenommen und steht seit 2008 unter Denkmalschutz.

Dabei geriet der Bau nach den anfänglichen goldenen Jahren für einige Zeit in Vergessenheit. 1956 eröffnete die Familie Bloching ihr Ein-Saal-Kino im Herzen der Kleinstadt Marktoberdorf, doch in den 1990er-Jahren wuchs die Konkurrenz durch die Multiplex-Kinos und 1997 musste die «filmburg» schließen. 2001 gelang es Monika Schubert, Leiterin der Theaterschule mobilé, zusammen mit einer Gruppe von Kinobegeisterten, das Gebäude aus dem Dornröschenschlaf zu wecken. Nach umfangreicher Renovierung und dem Einbau einer Bühne samt moderner Technik ist die «filmburg» zu neuem Leben erwacht: Inzwischen wurde das Kultkino für sein erlesenes Jahresprogramm mehrfach ausgezeichnet. Zum täglichen Filmprogramm bietet es Theater, Konzerte und literarische Abende. Nach wie vor befindet es sich im Besitz der Familien Bloching und ist das einzige Kino im Ort.

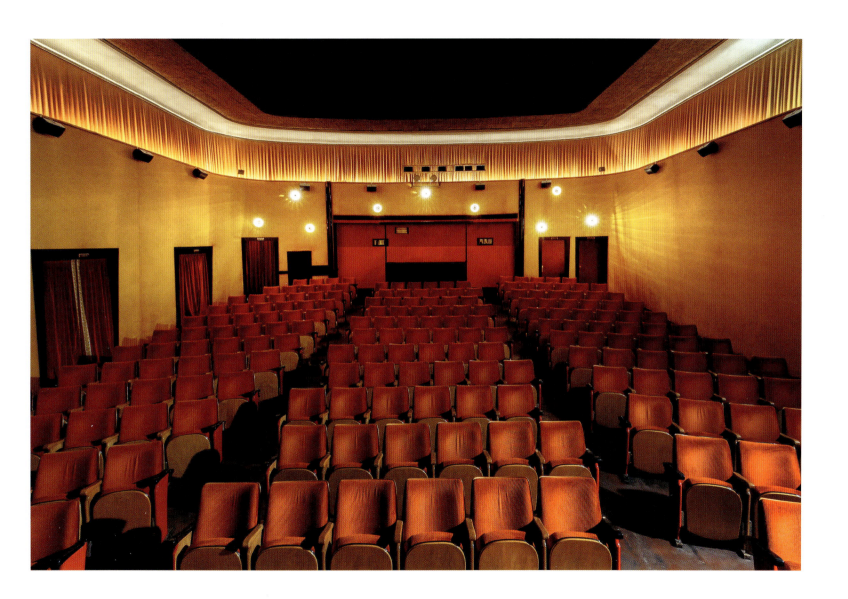

Bayern

Dampfsäg
Sontheim

Leinwand von Holz gerahmt. In einer ehemaligen Sägehalle ist das ungewöhnliche Kino der Familie Bilgram zu finden. Die markante Hallen-Konstruktion mit einer Größe von 370 Metern geht auf einen Entwurf des französischen Architekten Philibert de l'Orme aus dem 16. Jahrhundert zurück. Die heute noch erhaltene Halle der «Dampfsäg» wurde nach einem Brand 1917 errichtet. Fast 100 Jahre, von 1890 bis 1988, bestand der für die Region im Günztal wichtige Holz verarbeitende Betrieb.

1991 eröffneten Ortrun und Klaus Bilgram in der denkmalgeschützten «Dampfsäg» einen kulturellen Veranstaltungsort mit Theater, Konzerten, Märkten und Kino. Sie erwarben das Gesamtgebäude und sanierten es grundlegend. Dass die «Dampfsäg» heute ein Industriedenkmal ist, geht auf ihre Initiative zurück. Seit 1992 wird das Kulturprogramm durch einen Förderverein unterstützt. 2012 übernahmen Sohn Yuri und seine Frau Verena die «Dampfsäg». Für die Gestaltung des Kinoprogramms arbeiten sie mit Rudolf Huber und Kai Erfurt vom «Filmhaus Huber» in Türkheim und Bad Wörishofen zusammen.

Bayern

Casablanca
Ochsenfurt

Disco, Sexkino, Weinstube, Imbiss – das 1950er-Jahre-Kino «Casablanca» hat eine schillernde Geschichte mit wechselnden Nutzungen hinter sich, bis es ab 1982 wieder seiner alten Bestimmung zugeführt wurde.

Im Zweiten Weltkrieg war das Gebäude in der Wagstraße ein Bauernhof, bereits 1952 jedoch öffnete hier das Kino «Capitol» seine Pforten. Nach seiner Wiederbelebung im Jahr 1982 durch Gerd Dobner und Georg Dawo ist das Lichtspielhaus unter dem Namen «Casablanca» bekannt. Im Laufe der Zeit wurde das Kino dreimal umgebaut und 2012 digitalisiert. Gerd Dobner wird mittlerweile von Johannes Tietze unterstützt. Mit einer Gastronomie im Foyer und regelmäßigen Auszeichnungen für sein Filmprogramm ist das «Casablanca» eine Institution in Ochsenfurt.

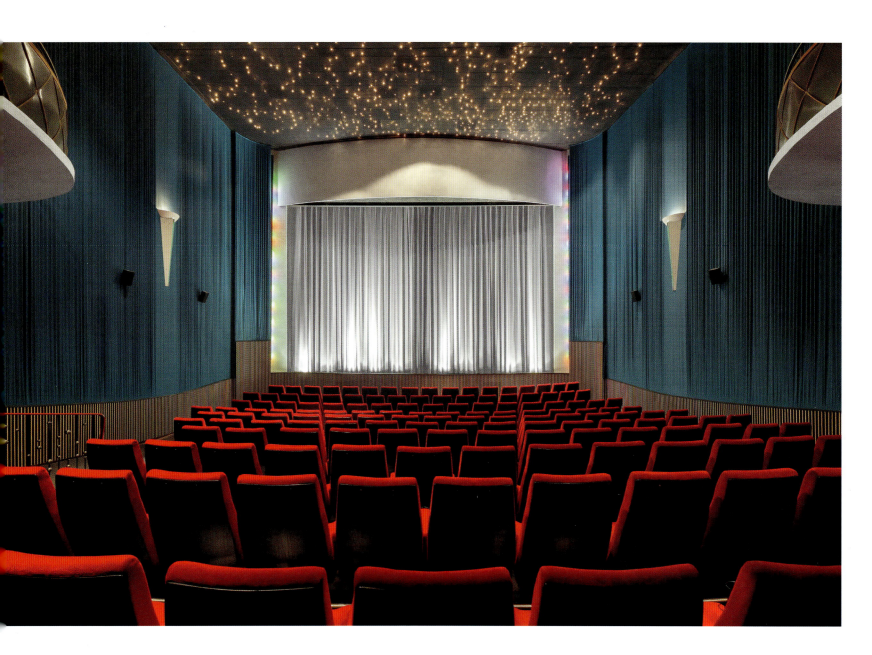

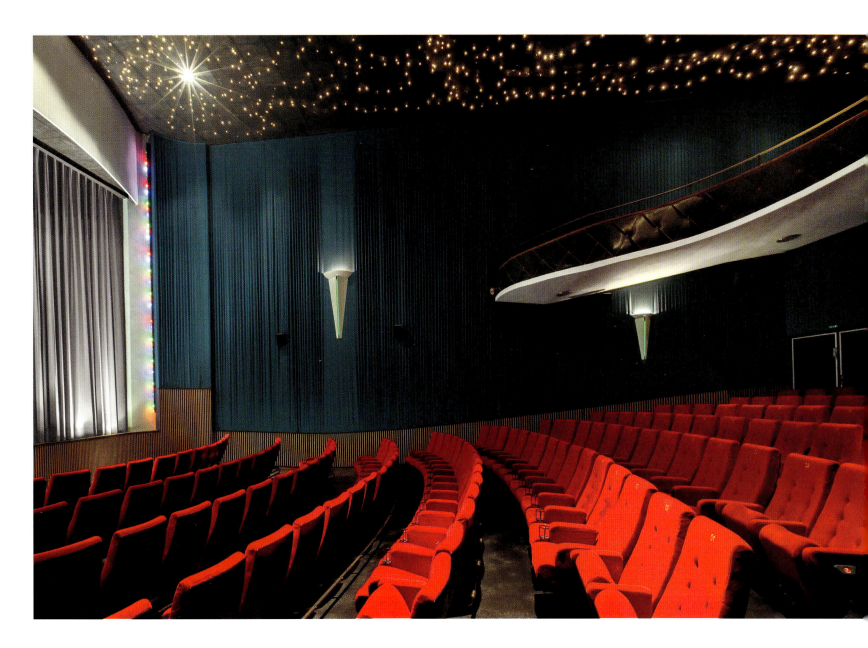

Bayern

Scala
Hof*

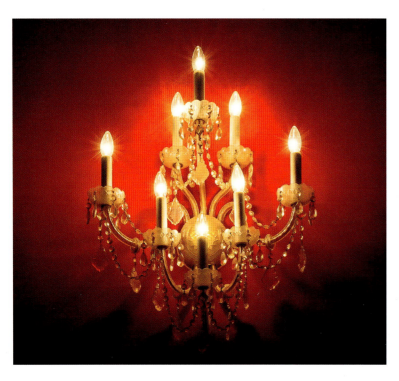

Die Größen des Filmbetriebs geben sich hier die Klinke in die Hand: Im Kino «Scala» finden seit 1967 die international renommierten Hofer Filmtage statt. Wim Wenders, Werner Herzog, Herbert Achternbusch, Rainer Werner Fassbinder, Doris Dörrie, Peter Jackson und viele mehr präsentierten hier schon ihre Filme.

Das Lichtspieltheater «Scala» wurde 1929 vom Bauunternehmer Emil Schrenk im Art-Déco-Stil errichtet. Seitdem befindet es sich in Familienbesitz und wird in vierter Generation geführt. Der zweigeschossige Kinosaal besteht noch heute aus einem Bühnenportal mit Vor- und Hinterbühne und einem mittlerweile geschlossenen Orchestergraben. Der Saal wurde anfangs als Stummfilmkino genutzt und durchlief im Lauf der Zeit alle technischen Neuerungen des Kinos bis hin zum digitalen 3D-Kino. Mit über 400 Sitzplätzen ist das ‹Große Haus› im «Scala» noch heute der größte Kinosaal in Oberfranken.

Nach dem Zweiten Weltkrieg wurde das Kino von den Amerikanern beschlagnahmt und 1950 an die Eigentümer zurückgegeben. Diese führten 1953 aufwendige Renovierungsarbeiten durch und eröffneten im gleichen Gebäudekomplex ein weiteres Kino, das ‹Regina›. Mittlerweile umfasst der Kinobetrieb vier Säle.

Bayern

Phantasia Kino
Gangkofen

Von der Filmauswahl über Reinigungsarbeiten bis hin zu den Leopardenschonbezügen der Kinosessel: Im «Phantasia Kino» in Gangkofen läuft alles in liebevoller Eigenregie. Der Betreiber Thomas Plank ist mit und im Kino aufgewachsen. Seine Eltern führten das «Stadtkino» in Eggenfelden bis Ende 1979. 1981 gründete seine Mutter Erika das «Film-Studio» in Gangkofen und führte es bis ins Jahr 1998. Danach wurde das Gebäude als Kneipe verpachtet. Da der Kinosaal aber nicht genutzt wurde, blieb er erhalten. Ein Glück – so konnte Thomas Plank 2009 das Lichtspielhaus als «Phantasia Kino» wiedereröffnen. Mutter Erika Plank hat übrigens noch bis 2010 an der Kinokasse gearbeitet. Und was die eingangs erwähnten Bezüge angeht – diese hat sie mit ihrer alten mechanischen Nähmaschine genäht.

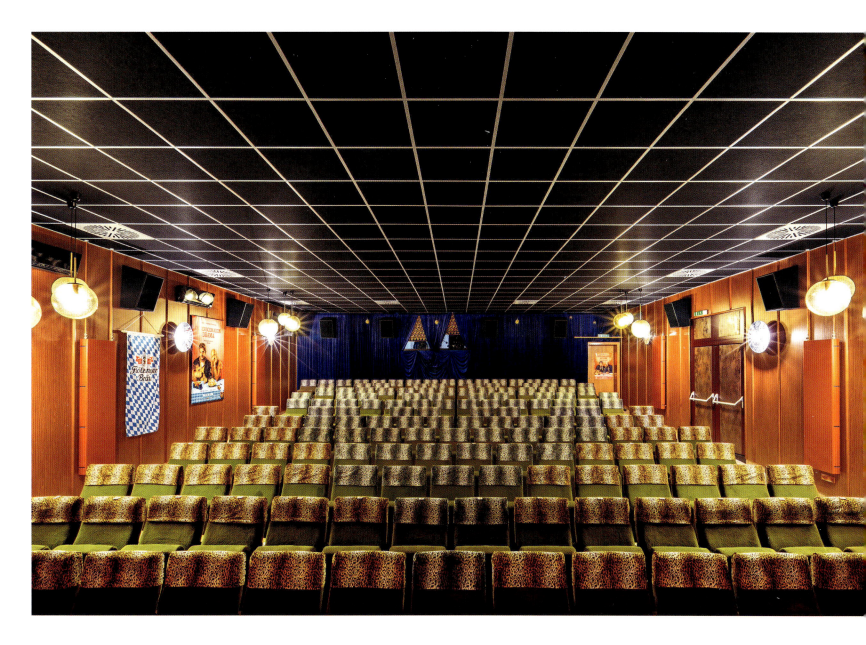

Brandenburg

Kammerspiele
Treuenbrietzen

Ein Ort kämpft für sein Wahrzeichen. 1938 wurde das Lichtspieltheater Kammerspiele von Hans Fischer als Privatkino mit 250 Sitzen errichtet. Ein Jahr später schon lief der erste Film über die Leinwand und seitdem waren die Kammerspiele aus Treuenbrietzen nicht mehr wegzudenken.

Nach Gründung der DDR wurde das Kino an die «VEB Lichtspiele» verkauft, die den Spielbetrieb bis 1989 führte. Danach verwaltete die Treuhand die Kammerspiele, und nachdem diese keinen Käufer für das Gebäude fand, schloss sie 1992 den Kinobetrieb. So kam es dazu, dass die «Kammerspiele» immer mehr herunterkamen und bis 2002 leer standen. Um dem Verfall entgegenzuwirken, gründete sich in diesem Jahr ein Kinoförderverein aus der Bürgerschaft heraus. Ziel war, das ehemalige Kino als Einzeldenkmal zu schützen und als Ort für Kino und kulturelle Veranstaltungen zu nutzen. Dem engagierten Verein mit ungefähr 70 aktiven Mitgliedern ist dies gelungen. Die Stadt Treuenbrietzen wurde als Eigentümer der Kammerspiele gewonnen und hat dem Verein das Gebäude im Rahmen einer Nutzungsvereinbarung überlassen. Nach aufwendiger Sanierung sind die «Kammerspiele» heute wieder fester Bestandteil des kulturellen Lebens der Kleinstadt.

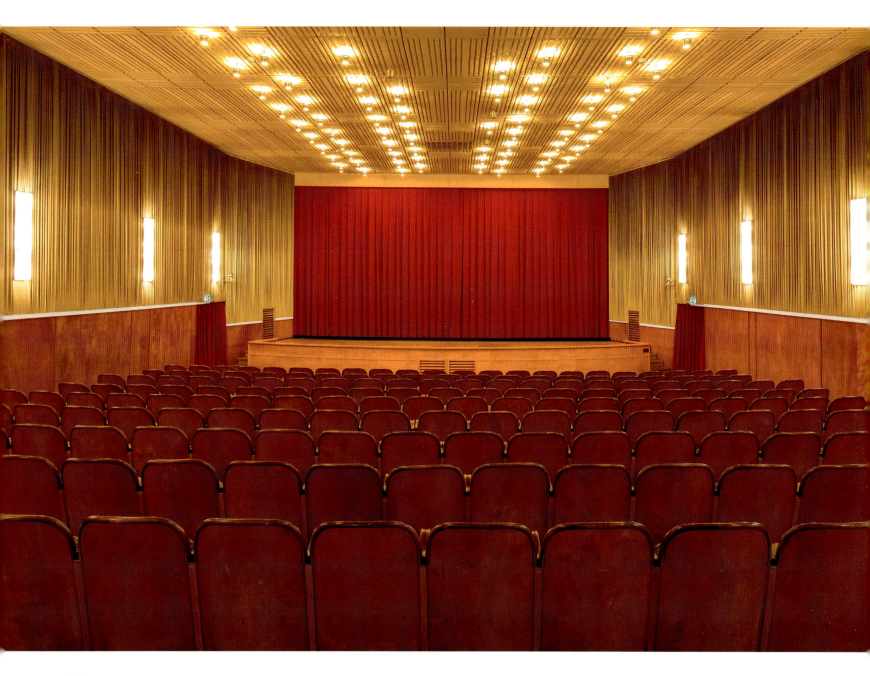

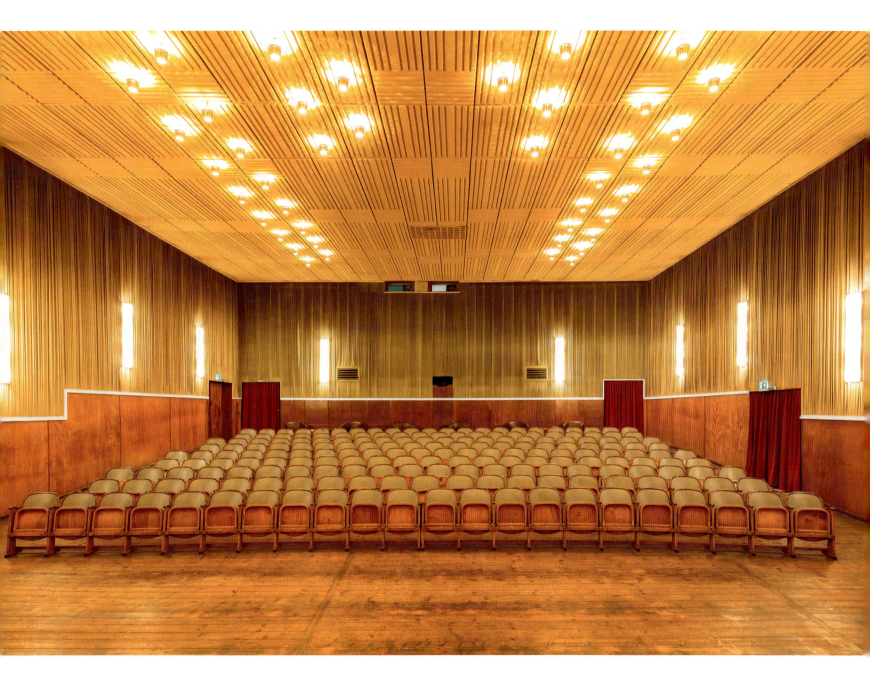

Brandenburg

Kino im Multikulturellen Centrum e. V.
Templin

Ein Haus mit bewegter Geschichte: Idyllisch am Ufer des Templiner Stadtsees gelegen eröffneten 1913 die «Union-Lichtspiele» im Hotel-Restaurant Seebad ihr Lichtspielhaus als erstes Kino in Templin. Während des Zweiten Weltkriegs wurde das Hotel samt Kino zum Kriegsgefangenenlager. Der einzige Bombenangriff auf Templin zerstörte einen Teil des Hauses, der große Saal blieb jedoch unversehrt. Nach Kriegsende konnte so der verbliebene Bau zu einem privat geführten Kino mit dem Namen «Seebadlichtspiele» umgebaut werden. Ende der 1950er-Jahre wurde das Kino als «VE Filmtheater Templin» mit Gastspielbetrieb verstaatlicht.

Nach der Wende übernahm die Treuhand das Gebäude und suchte Käufer. Eine Bürgerinitiative zum Erhalt des Gebäudes und des Kulturstandorts konnte die Umwandlung in ein Hotel oder einen Supermarkt verhindern. Sie erreichte den Kauf durch die Stadt Templin und eine umfassende Sanierung und Modernisierung. 1993 wurde das Haus in kommunaler Hand unter dem Namen «Multikulturelles Centrum» als Kino und Kulturzentrum wiedereröffnet. Die Stadt Templin, der Landkreis Uckermark und das Land Brandenburg fördern den Trägerverein finanziell, der über 120 Mitglieder hat. Seit 1993 konnte das Kleinstadt-Kino zu einem lebendigen Kulturzentrum entwickelt werden.

Brandenburg

Neue Kammerspiele
Kleinmachnow

Heute ziehen die «Neuen Kammerspiele» auch Kulturfreunde und Künstler aus der Metropole Berlin ins nahe gelegene Kleinmachnow. Carolin Huder und Michael Martens haben das Traditionskino mit einer ungewöhnlichen Idee vor der Schließung gerettet: Sie gründeten 2012 die erste Kultur-Genossenschaft in Brandenburg (mit inzwischen mehr als 250 Anteilseignern) und übernahmen als neue Pächter den Betrieb als Veranstaltungsort für Film-, Theater-, Konzert- und Ballettaufführungen sowie Gastronomie.

Das 1936 gebaute Haus 1936 wurde von Karl Bornemann als erstes und einziges Lichtspielhaus in Kleinmachnow eröffnet. Nach Kriegsende wurde das Kino verstärkt für Theateraufführungen genutzt, da im nahe gelegenen Berlin viele Theater geschlossen waren. 1961 floh die Familie Bornemann in die Bundesrepublik und die «Kammerspiele» wurden verstaatlicht. Damit gehörten sie der Rechtsträgerschaft des Kreislichtspielbetriebs Potsdam an. Der Umbau 1972 machte die «Kammerspiele» zur größten kulturellen Einrichtung in der Umgebung. Nach der Wende wurde das Gebäude an den Erben von Wolfgang Bornemann, seinen Enkel Karl-Heinz Bornemann, rückübertragen, bevor 2012 die Genossenschaft das Kino vor der Schließung bewahren konnte.

Brandenburg

Weltspiegel
Finsterwalde

Futuristisch. Im Jahr 1912 öffnete der «Weltspiegel» in Finsterwalde als erstes Filmtheater im Ort seine Türen für ein kinohungriges Publikum. Die Bauherren und Betreiber waren die Unternehmer Krengel, Wehle und Tonke. Sie beauftragten das renommierte Cottbuser Architektenbüro Schmidt und Arnold mit der Planung, welches zuvor schon den «Weltspiegel» in Cottbus entworfen hatte. 1972 erhielt die heutige Außenansicht mit einer Verkleidung aus gestanztem Blech ihr endgültiges Aussehen. Entworfen hat das charakteristische Design der Grafiker Horst Bahr. Zu dieser Zeit erhielt der «Weltspiegel» eine weitere revolutionäre Neuerung: eine Visionsbar – also eine Bar im Kinosaal hinter einer großen Glasscheibe – im zeitgemäßen orangenen Look. Bis heute können hier Getränke mit Blick auf die Leinwand genossen werden.

Das Lichtspielhaus bot ursprünglich über 400 Zuschauern Platz und wurde im Laufe der Jahrzehnte immer wieder umgebaut und modernisiert. Auch Schäden durch ein Bombardement im Zweiten Weltkrieg mussten behoben werden, denn sie bedrohten zwischenzeitlich die Statik des Gebäudes. Bis 1959 befand sich der «Weltspiegel» im Besitz der Familie Tonke. 1959 wurde das Kino halbstaatlich und 1972 vollständig verstaatlicht, was unter anderem zur Folge hatte, dass die Räume der Gastronomie als Büros und Werkstätten zweckentfremdet wurden. 1990 ging der «Weltspiegel» zurück an die Erben der Familie Tonke und ist bis heute im Familienbesitz: der jetzige Betreiber Torsten Siegert ist ein Urenkel von Adolf Tonke und führt das Kino in vierter Generation als letztes von ehemals sechs Kinos in Finsterwalde.

Brandenburg

Kino Café Bar
Dahme

Dahme war einst eine richtige Kino-Hochburg: Ab 1912 eröffneten in dem kleinen Ort sechs Lichtspielhäuser – unter anderem 1929 der «Kinopalast». Er gehörte zur Zeit der DDR zum «VEB Volkslichtspiele». Nach der Wende wurde er als einziges Kino in Dahme bis 2006 bespielt, bis die damalige Betreiberin den Kinopalast aus Altersgründen aufgeben und so auch das letzte Kino schließen wollte. Als Quereinsteiger entschloss sich der damals erst 23-jährige Thomas Ulrich, das Kino weiterzuführen, was ihm im Jahr der Übernahme den Programmpreis als jüngster Kinobetreiber in Berlin-Brandenburg einbrachte. Seine Erfahrung als ehemaliger Kellner auf der «Sea Cloud II» und in Eckarts Witzigmanns «Palazzo» kommt Ulrich bei seinem Erlebniskino-Konzept entgegen: Zum Filmeschauen nimmt man hier an kleinen Tischen Platz und genießt während der Vorführung Getränke und Speisen aus dem reichhaltigen gastronomischen Angebot.

Hessen

Kino Grünberg
Grünberg

Als Steven Spielbergs Filmklassiker «E.T.» im Sommer 1983 anlief, verursachte der Besucheransturm ein Verkehrschaos in Grünberg. Edith Weber hat ihr Leben lang schon Anekdoten über ihr Kino gesammelt. Denn sie ist im einzigen Kino in Grünberg so gut wie aufgewachsen: Die Lichtspiele wurden von ihrem Vater Ludwig Metzger gegründet. Der Konditor erbaute 1952 das «Apollo» und erweiterte es 1954 um einen zweiten Kinosaal, den ‹Turm›. Früher verfügte das Kino noch über einen Gaststättenbetrieb. 1981 übernahm Edith Weber das Kino. Der ‹Turm›-Saal wurde zu dieser Zeit aufwendig renoviert. Heute bietet das Kino neben Filmvorführungen ein kulturelles Live-Programm. Mit der Umrüstung auf digitale Projektionstechnik im Jahr 2013 wurde das nächste Zeitalter im «Kino Grünberg» eingeläutet. Der Charme der beiden Vorführsäle erzählt aber nach wie vor von der langen Kinotradition des Hauses.

Hessen

Lichtspielhaus
Groß-Gerau

Aus eins mach zwei. Das Traditionskino wurde mit einem Saal im Jahr 1919 eröffnet. Im Jahr 1972 nahmen die Besitzer Kurt und Doris Zimmermann dann einen einschneidenden Umbau vor: Der ehemals große Saal des «Lichtspielhauses» in Groß-Gerau wurde in das «Bambi-Filmtheater» und das von da an etwas kleinere «Lichtspielhaus» mit Service am Platz für 107 Besucher aufgeteilt. 2004 führte die neue Betreiberin Anja Wenz eine weitere aufwendige Renovierung durch. Der Charme der 1970er-Jahre blieb erhalten, aus dem «Bambi-Filmtheater» machte sie die «Cinebar», einen Kinosaal mit 41 gemütlichen Drehsesseln und Tischen. Hier werden regelmäßig Matineen mit Frühstücksbuffet veranstaltet. Neben einem individuellen Kinoprogramm organisiert das Kino auch die Veranstaltungsreihe des kommunalen Kinos der örtlichen Volkshochschule.

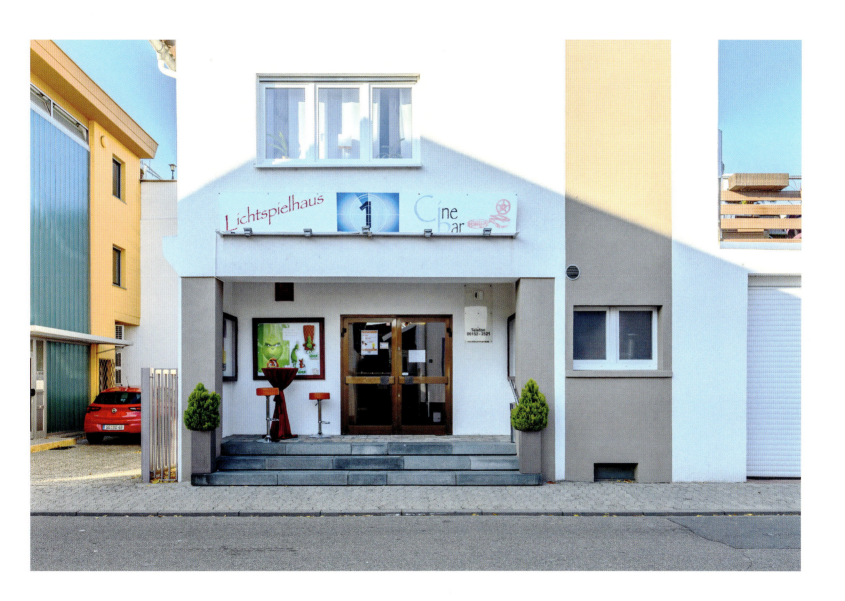

Hessen

Rex Palast
Dreieich

Kino vom Balkon – das ist im «Rex Palast» in Dreieich bis heute möglich. Im April 1952 eröffnete der Elektriker Philipp Ebert gemeinsam mit seiner Frau Katharina nur 100 Meter Luftlinie entfernt von ihrem ersten Lichtspielhaus «Victoria» ihr zweites – das «Rex». Der Saal mit Balkon bot damals 465 Kinobesuchern Platz, wurde aber bis heute um mehr als 200 Plätze zugunsten der Beinfreiheit reduziert. 1993 übernahm die Enkeltochter Brigitte Kreisel den Familienbetrieb in dritter Generation und wird ihn in vierter Generation an ihren Sohn Stephan weitergeben. Das Kino ist technisch auf dem neuesten Stand, wobei viel Wert auf den Erhalt des historischen Saals gelegt wurde. Von den ehemals sieben Kinos in Dreieich existieren nur noch das «Rex Palast» und das «Victoria» und trotzen der großen Konkurrenz in der Ballungsregion rund um Frankfurt.

Hessen

Luxor Filmpalast
Bensheim

Ein wahrhafter Filmpalast mit einigen ungewöhnlichen Details. 2012 eröffneten Christa Englert und ihr Sohn Jochen den «Luxor Filmpalast», ein luxuriöses Kino mit sieben Sälen und Erlebnischarakter. Das Besondere ist neben den designten Kinosälen mit einer großen Affinität zu STAR WARS und exklusiven Loungebereichen ein 250.000 Liter fassendes Meerwasseraquarium mit Haien und anderen Seefischen. Die Fische stammen aus Heimaquarien oder fehlgeleiteten Importen und finden in Bensheim unter fachkundiger, professioneller Betreuung ein neues Zuhause. Zudem ist hier eine der größten privaten Spielzeugsammlungen untergebracht. Jochen Englert hat in den Räumen des «Luxors» eine Heimat für seine Sammelleidenschaft geschaffen, mehrheitlich mit originalverpackten STAR WARS-Objekten, die auch bei anderen Fans der Science-Fiction-Reihe die Herzen höherschlagen lässt.

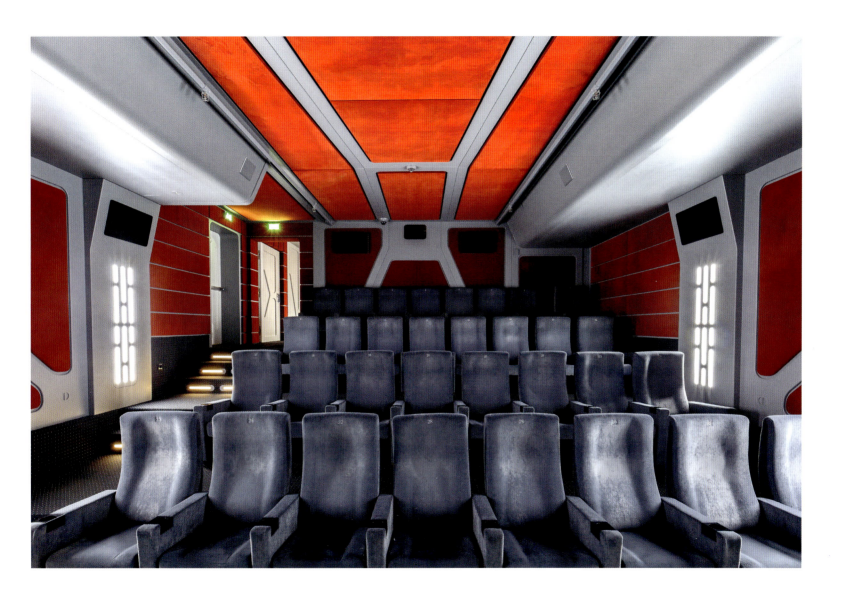

Hessen

Pastori
Weilmünster

Wo einst die großen Leinwandhelden auf Plakaten verewigt wurden, ist heute das Lichtspielgasthaus «Pastori» zu finden. Parallel zum Kino betrieb Kinogründer Fritz Buchholz schon vor dem Zweiten Weltkrieg bis in die 1960er-Jahre einen Verleih mit Filmplakaten, die von talentierten Laien in Windeseile im Atelier produziert und anschließend per Bahn verschickt wurden. Der stilprägende Umbau fand in den 1970er-Jahren statt: Noch heute können in den gemütlichen, aus Paris importierten roten Sesseln Filme geschaut und dazu Getränken aus der in den Kinosaal integrierten Cocktailbar geordert werden.

Das Haus wurde im Jahr 1900 erbaut, 1907 erweiterte Fritz Buchholz sein Gasthaus um einen Saalbau zur kulturellen Nutzung. Während des Ersten Weltkriegs war dort ein Getreidespeicher der Heeresverwaltung untergebracht. Ab 1919 diente der Saal bis 1945 als Lichtspieltheater und wurde auch für Boxveranstaltungen, Sängerfeste und politische Veranstaltungen genutzt. Nach dem Zweiten Weltkrieg wurde das Kino von der amerikanischen Besatzung beschlagnahmt, ab 1947 konnte der Kinobetrieb jedoch wieder starten.

2012 rettete die Unternehmerfamilie Schäfer das marode Anwesen mitsamt Kino. Wohnhaus und Nebengebäude mussten abgerissen werden, das eigentliche Kinogebäude blieb aber stehen und wurde völlig neu eingerichtet. Der Charakter des ältesten hessischen Kinos blieb somit erhalten. 2014 eröffnete das Kino mit Hotel und Restaurant unter dem Namen «Pastori».

Hessen

Saalbau-Lichtspiele
Heppenheim

Die Tapete ist sogar noch ein Original von 1932. Die «Saalbau-Lichtspiele» pflegen ihren historischen Charme – stilprägend ist vor allem ein Umbau in den 1950er-Jahren – und sind dennoch auf der Höhe der Zeit. Das seit vier Generationen geführte Haus hat die Architektur des rund 300 Besucher fassenden Saals erhalten. Die Kinotechnik ist auf dem neuesten Stand. Auf dem über 100 Jahre altem Kinodach befindet sich seit 2023 eine Fotovoltaikanlage und die Ölheizung ist durch eine Wärmepumpe mit Wärmerückgewinnung ersetzt worden.

Begonnen hat alles im Jahre 1921, damals führten die Lichtspiele ihren ersten Film im großen Gesellschaftssaal im Gasthaus Wurths Garten auf. Der Wirt und Kapellmeister Wilhelm Kärcher und Urgroßvater des heutigen Betreiber-Trios – den Brüdern Jörg, Udo und Ingo Fritz – betrieb sporadisch das «Lichtspielhaus Heppenheim», bis er mit einem Kollegen die «Vereinigten Lichtbühnen Heppenheim-Bensheim» gründete.

Am ersten Juni 1951 erfolgte eine Neugründung unter dem bis heute gültigen Namen «Saalbau-Lichtspiele». Ernst Fritz, der Schwiegersohn von Wilhelm Kärcher, renovierte 1953 aufwendig und bestuhlte den Saal mit 500 gut gepolsterten Stühlen. Neben Filmvorführungen gab es im Saalbau auch Gastronomie und eine Kegelbahn. Der große Gesellschaftssaal wurde fortan ausschließlich als Kino genutzt. Am 11. Dezember 1948 aßen in der Gaststätte des Kinos die Delegierten der FDP zu Mittag, bevor sie ihre Partei gründeten. Anschließend feierte man anlässlich der Gründung im Kinosaal einen Bunten Abend. Mit von der Partie war der Schauspieler und Entertainer Peter Frankenfeld.

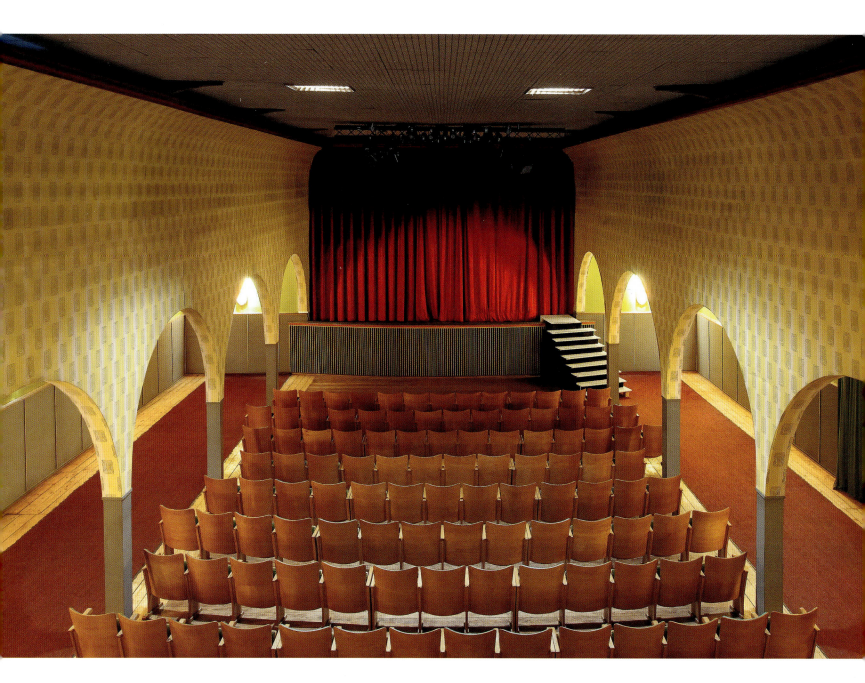

Mecklenburg-Vorpommern

Fabrik Kino
Neustrelitz

Industrieromantik trifft Kino. Das «Fabrik Kino» in Neustrelitz ist in einer ehemaligen Kachelofen-Fabrik beheimatet, die zwischen 1852 und 1910 erbaut wurde. 1940 kaufte Kurt Conradt den Betrieb, in dem noch bis 1969 transportable Kachelöfen hergestellt wurden. Danach übernahm die Konsumgenossenschaft die Räume und brachte dort ihre allgemeine Verwaltung unter. Nach der Wende kam das Areal mit der Fabrik wieder in den Besitz der Familie Conradt und es begann die Geschichte des Kulturzentrums.

Im Sommer 1993 eröffnete Horst Conradt auf dem ehemaligen Fabrikgelände eine Kunstgalerie und ein Kino, das in der ehemaligen Schlosserei eingerichtet wurde. Im Jahr 2000 erweiterte Conradt sein Kulturzentrum, in der ehemaligen Glasurstube kam ein zweites Kino hinzu, außerdem entstanden ein Restaurant und ein Öko-Hotel. Das «Fabrik Kino» erhielt mehrfach den Kinoprogrammpreis des Bundes sowie den Kinokulturpreis Mecklenburg-Vorpommern für sein Filmprogramm.

Mecklenburg-Vorpommern

Club-Kino
Zinnowitz

Ein Kinosaal mit 89 Drehsesseln nimmt mit auf eine Zeitreise in die 1980er-Jahre. Noch heute können im «Club-Kino» in Zinnowitz ein Cocktail oder ein kleiner Snack zum Film bequem per Ruftaste an den Platz geordert werden.

Das Kino wurde 1938 unter dem Namen «Regina Lichtspiele» mit 298 Plätzen eröffnet. Zur Zeit der DDR wurde es in «Theater der Freundschaft» umbenannt und war ein volkseigener Betrieb.

1986 begann die Ära des «Club-Kinos», das Lichtspielhaus wurde umgestaltet. Nach der Wiedervereinigung pachtete der heutige Besitzer Michael Hoppach das «Club-Kino» zunächst und erwarb es später. Über die Jahre hat er sein Kino umfassend modernisiert. Auch kam ein zweiter kleiner Saal mit 38 Sitzplätzen dazu.

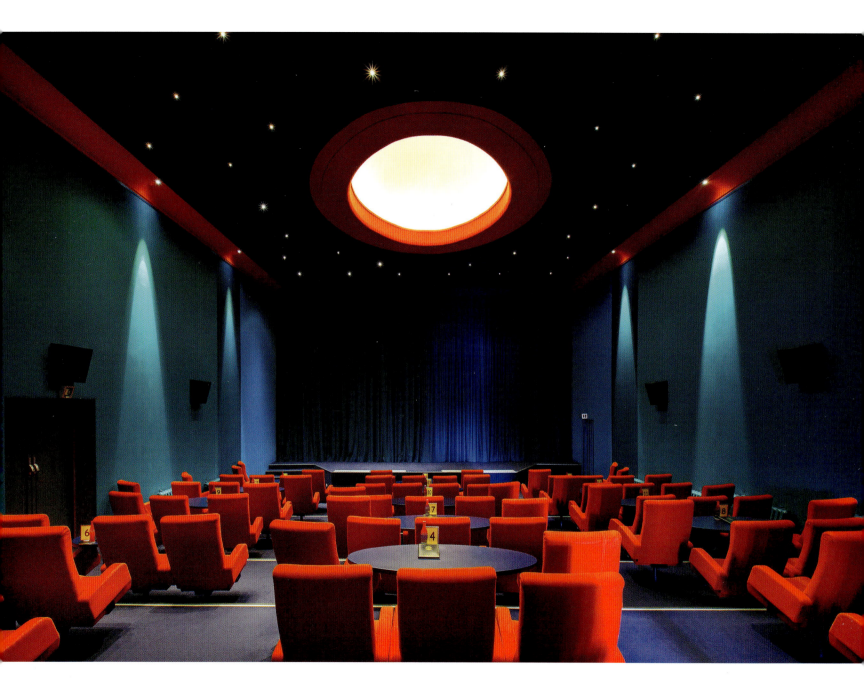

Mecklenburg-Vorpommern

Orpheum
Schönberg

Leider lüftet sich der Vorhang für Filmvorführungen im «Orpheum» in Schönberg nur noch für Sonderveranstaltungen. Dabei galt das Kino bei seiner Eröffnung als modernstes seiner Art in der ländlichen Region. Am 4. November 1955 feierte das Haus als «Fritz-Reuter-Lichtspiele» Eröffnung. Gezeigt wurde der DEFA-Film KEIN HÜSING nach einer literarischen Vorlage des norddeutschen Heimatdichters Fritz Reuter unter der Regie von Artur Pohl. Ausgestattet war das Kino mit den neuesten Projektoren aus Dresden, der «Dresden D1», und technisch hochwertigen Tonverstärkern.

Nach der Wiedervereinigung gingen die Zuschauerzahlen zusehends zurück, da die moderneren Kinos lockten. 1991 schlossen die «Fritz-Reuter-Lichtspiele» ihre Tore und standen bis 1995 leer. Unter dem Namen «Orpheum» hauchte Stefan Scholz 1995 dem Haus als neuer Betreiber wieder Leben ein. Er brachte die Technik auf den neuesten Stand und machte das Gebäude mit dem Saal wieder bespielbar. Die analogen Projektoren in den spielbaren Formaten von 35 und 70 mm sind neben der digitalen Variante einsatzfähig. Seit 2003 wird das «Orpheum» ausschließlich für Sonderveranstaltungen geöffnet.

Mecklenburg-Vorpommern

Volksbühne
Ueckermünde

An der «Volksbühne» in Ueckermünde geht nichts ohne den Filmgong. In dem für 250 Besucher Platz bietenden Traditionskino ertönt er vor jeder Filmvorführung. Geboten wird dort ein Kinoprogramm von Mainstream bis Filmkunst.

1903 verkauften die Betreiber des Gasthauses «König von Preußen» ihren Garten an den Gutsbesitzer Karl Seegebrecht. Er errichtete in den Jahren 1904 und 1905 auf dem Grundstück einen Tanzsaal mit Musikpavillon und Kegelbahn. Einer der Säle wurde ab 1928 als Lichtspieltheater betrieben. 1935 ersteigerte der Gießereibesitzer Günther Vetting das Gebäude und baute es zu einem modernen Filmtheater mit Bühne um – die «Volksbühne» war geboren. 1948 wurde er enteignet und die «Volksbühne» ging in den Besitz der «VVB-Gießerei Leipzig». Nach der Wende 1989 kam es mit der Privatisierung zu häufigen Besitzerwechseln und Umbauten.

Die Stadt Ueckermünde ließ 2013 die «Volksbühne» sanieren und modernisieren. Zwei weitere Säle kamen hinzu. Ab 2012 übernahm Christian Guhl als neuer Pächter das Kino und führt es seit 2022 zusammen mit Christian Klementz. Neben dem Kino ist die «Volksbühne» ein kultureller Veranstaltungsort für Theater, Kabarett, Musikveranstaltungen und Jugendweihen.

Mecklenburg-Vorpommern

Cinema
Prerow

Mitten im kleinen Ort Prerow liegt das «Cinema Prerow». Ihr Kino liegt den Menschen im gerade mal 1.500 Einwohner zählenden Ort von jeher am Herzen. 1956 wurden die Lichtspiele im ehemaligen Tanzsaal des «Café Wien» eröffnet. Vor allem in den Anfangsjahren der hiesigen Kinohistorie nahm man einige Strapazen in Kauf: Über eine Treppe gelangte man früher zum Vorführraum. Da dieser sehr klein war, mussten die einzelnen Filmrollen hoch- und runtergetragen werden. Um ein größeres Format zu spielen, wurde das Fenster geöffnet und der Projektor ungefähr einen halben Meter nach hinten versetzt, damit das große Objektiv aufgesetzt werden konnte.

In den 1970er-Jahren entstand dann die Idee, sich die Arbeit zu erleichtern und ein neues Kino mit einem Saal zu errichten. Nach neunjähriger Planungszeit wurde 1979 mit dem Bau begonnen und der alte Tanzsaal vollständig abgerissen. Die von der Bezirksfilmdirektion Rostock verwalteten «Darßlichtspiele» zählten bis 1989 zu den modernsten Kinos im Norden der DDR. 1995 erwarb Frank Schleich das Kino, sanierte das Gebäude und brachte die Technik auf den neuesten Stand. 1998 eröffnete er unter dem Namen «Cinema Prerow» mit 152 Kinoplätzen, Bar und Gastronomie. Gezeigt wird ein vielfältiges Programm aus Kinder-, Mainstream- und Arthouse-Filmen sowie Dokumentationen. Seit 2019 wurde das Kino jährlich mit dem Kinokulturpreis ausgezeichnet.

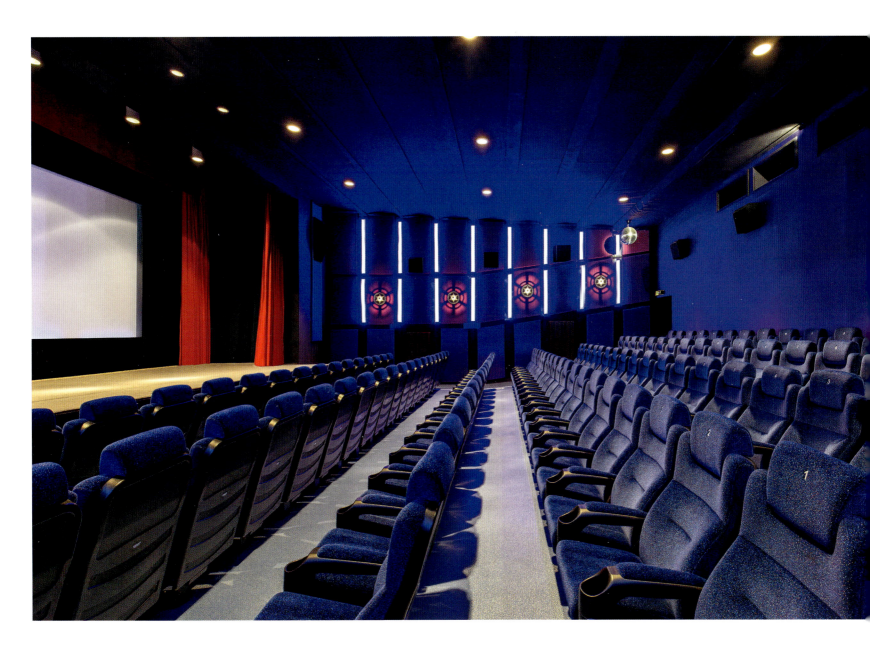

Niedersachsen

Capitol Kino Hann. Münden
Hann. Münden

Der Schausteller Paul Schiller hat zu Beginn des vergangenen Jahrhunderts die ersten Filme und die Vorläufer des Kinos nach Hann. Münden gebracht. Um das Jahr 1910 eröffnete er am Marktplatz das «Bioskope-Theater», bevor er mit seinem Unternehmen in der Langen Straße heimisch wurde. Das heutige Kinogebäude ersetzte die zunächst vorhandenen «Schiller-Lichtspiele». Es wurde Mitte der 1930er-Jahren als ein großzügiges Kino mit Parkett und Balkon erbaut. Der Balkon wurde später zu einem zweiten kleinen Saal umgebaut. Aktuell bietet das «Capitol» im großen Saal 150 Zuschauern Platz; Kino 2 hat 91 Sitzplätze.

Die «Schiller-Lichtspiele» waren als einziges Kino Hann. Mündens mehr als 100 Jahre in Betrieb, bevor es 2020 zur Schließung des Hauses kam. 2021 wurde das Kino vom Team des «Capitols» in Witzenhausen zu neuem Leben erweckt. Seither trägt es zum Zeichen des Neuanfangs den Namen «Capitol Kino Hann. Münden». Es bietet ein Programm aus Mainstream- und Arthouse-Filmen. Gleich im ersten Jahr nach der Wiedereröffnung wurde es mit einem niedersächsischen Programmpreis bedacht.

Niedersachsen

Astoria und Alpha Kino
Peine

Elegant wie sein Name ist das 1970er-Jahre-Kino «Astoria» in Peine. In den Jahren von 1911 bis 1957 eröffneten in Peine elf Lichtspielhäuser – das «Astoria» und das kleinere Schwesterkino «Alpha» konnten als einzige bis heute bestehen.

1971 eröffnete Karl Zippe das «Astoria Kino» mit einem Saal und 340 Plätzen in einem Neubau in der Innenstadt. 1993 wurde das Kino um einen kleinen Saal, das «Alpha», mit 50 Sitzen erweitert. Das «Astoria» wurde Anfang 2024 vollständig renoviert, wobei großen Wert darauf gelegt wurde, den 1970er-Jahre-Charme zu bewahren, heute bietet es Platz für 187 Zuschauer. Karl Zippe und Volker Schmid betrieben in Peine bis 2011 noch ein weiteres Kino, das «Urania». Seit 2019 hat Schmids Tochter Angelika Nazikbacak das Kino übernommen und wird weiterhin von ihrem Vater unterstützt.

Niedersachsen

Lichtspiele
Gronau

In Gronau können die Kinobesucher auf 126 aus dem «Delphi-Filmpalast» in Berlin stammenden 1950er-Jahre-Sessel Platz nehmen. Der Verein «KulturKreis Gronau» betreibt dort seit 2001 mit seinen 250 Mitgliedern die «Lichtspiele».

1919 eröffnete Reinhold Fricke im «Frickeschen Gasthof» die «Gronauer Lichtspiele» mit unregelmäßigen Filmvorführungen und betrieb sie später als reguläres Kino. 1932 übernahmen sein Sohn Reinhold Fricke junior mit seiner Ehefrau Else die «Lichtspiele». Nach dem Zweiten Weltkrieg beschlagnahmten die amerikanischen Besatzungstruppen die kinotechnische Anlage. Ab 1949 konnte der Kinobetrieb jedoch wieder aufgenommen werden. Sohn Hans Fricke renovierte den Saal, sodass er wieder als Kinosaal diente.

Der Verein «KulturKreis» baute im Kino eine Kleinkunstbühne sowie digitale Projektionstechnik ein. Im Sommer 2017 wurde das Haus saniert, dabei legte man großen Wert auf den Erhalt des 1950er-Jahre-Stils. Die alte Bestuhlung wurde gegen die Berliner Modelle ausgetauscht. Für sein engagiertes Kinoprogramm wird das Kino jährlich ausgezeichnet.

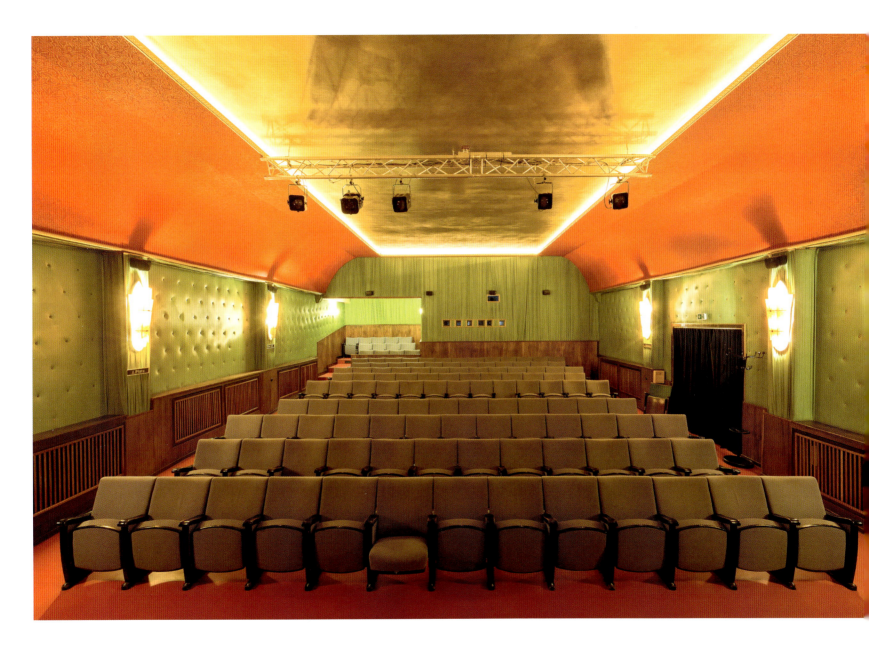

Niedersachsen

Neue Schauburg
Northeim

Die «Neue Schauburg» in Northeim ist eines der wenigen Lichtspielhäuser, die noch deutlich von den Anfangsjahren des Kinos in den 1920er-Jahren zeugen. Seine Anfänge in der Stummfilm-Ära sind heute unter anderem noch am bestehenden Orchestergraben des großen Saals zu erkennen. In den 1950er-Jahren war das Kino in Northeim so beliebt, dass sogar Größen wie Zarah Leander und Charlie Chaplin junior hier ihre Filme vorstellten. Besitzer Torben Scheller gelang es 1997 als neuer Betreiber, das Traditionskino zu retten, nachdem das Kino zunächst mit einer wilden Abschlussvorführung der Rocky Horror Picture Show verabschiedet wurde und die Besucher sich die 1930er-Jahre Kinositze selbst ausbauen durften.

Begonnen hat alles 1923: Der Gastwirt und Kapellmeister Fritz Krüger eröffnete im Saal seiner Gaststätte «Zur Altdeutschen» das Stummfilm-Kino «Northeimer Lichtspiele» mit 165 Sitzplätzen und Klavierbegleitung. 1928 übernahm Johanne Krüger. Sie führte seit 1930 Tonfilme vor und vergrößerte das Kino auf 500 Plätze. Am 21. Oktober 1936 weihte sie das Kino unter dem neuen Namen «Schauburg – Film & Bühne» ein. 1952 wurde das Haus grundlegend renoviert, bis es 1997 vor der Schließung stand. Torben Scheller gelang die Wiedereröffnung als «Neue Schauburg» mit neuen französischen Polstersesseln sowie neuem Programmkonzept noch im selben Jahr. 2002 kam der zweite Kinosaal «North.Licht» hinzu. Der Name ist eine Hommage an das ursprüngliche Kino.

Niedersachsen

Lichtburg
Quernheim

Quernheim mit seinen 450 Einwohnern ist der kleinste Kino-Ort Deutschlands. Ungefähr 40.000 Menschen besuchen die «Lichtburg» im Jahr, den einzigen kulturellen Treffpunkt in der gesamten Umgebung. Zahlreiche Fernsehsendungen berichteten deshalb schon über dieses einmalige Traditionskino in Deutschland.

Seit 1871 betrieb Familie Meier eine Gaststätte in Quernheim, die sie 1930 um einen Tanzsaal erweiterte, der wiederum 1952 in einen Kinosaal umgestaltet wurde. Noch heute können die Filmtickets an der originalen Kinokasse aus dem Gründungsjahr gekauft werden. Die «Lichtburg» bespielt mittlerweile zwei Säle, vor jeder Aufführung ertönt ein klassischer Kino-Gong, der den Filmgenuss einläutet.

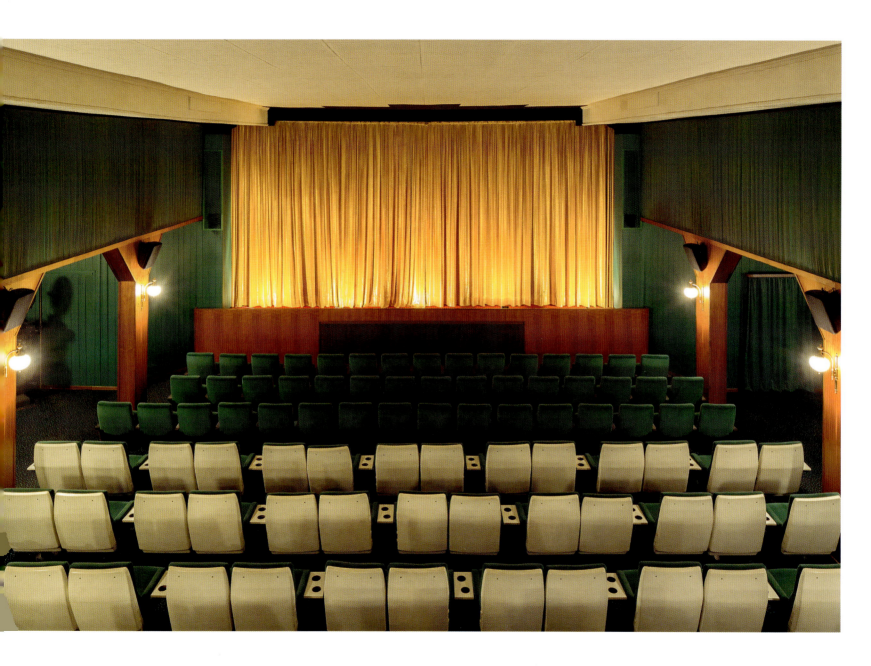

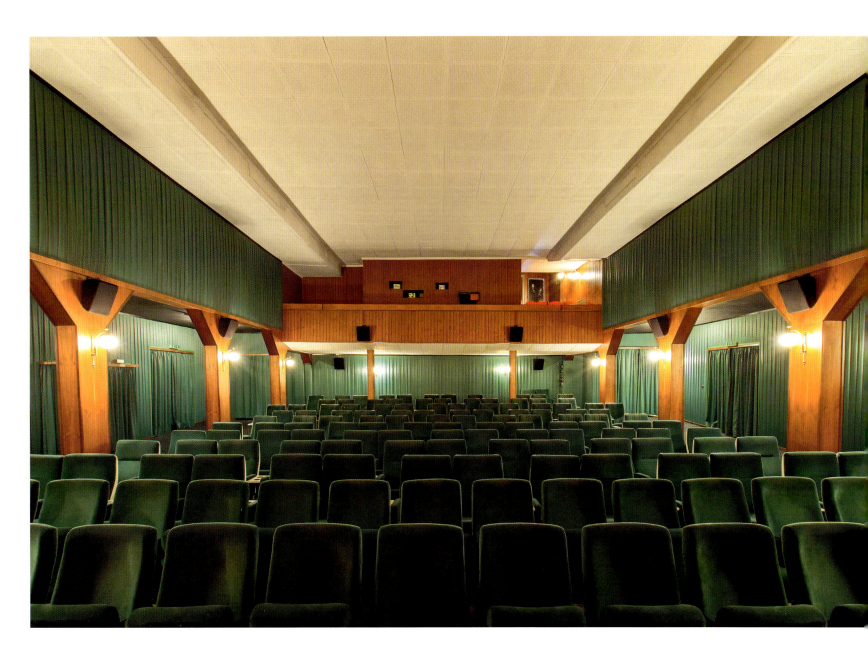

Niedersachsen

Neue Schauburg
Burgdorf

Von der Scheune zum Kino – 1931 war der Umbau vom Bauernhof zum Lichtspielhaus vollendet und Georg und Elisabeth Hahne eröffneten die «Schauburg» mit 334 Holzklappsitzen und Ticketpreisen zu je 50 Pfennig. Wo einst das Heu eingelagert wurde, befand sich von da an der Vorführsaal. 1996 ließ Elisabeth Hahne die «Schauburg» vollständig renovieren und restaurieren, gab ihr ihr heutiges Aussehen und nannte ihr Kino «Neue Schauburg». Im Ort war die Kinogründerin so beliebt, dass 2008 eine Straße posthum nach ihr benannt wurde. Nach ihrem Tod übernahm 1998 Tochter Heidrun das Kino, seit 2016 führt es Christian Lindemann in dritter Generation. Das anspruchsvolle Filmprogramm wird seit 1997 jährlich mit dem Jahresfilmpreis der nordmedia ausgezeichnet.

Niedersachsen

Harsefelder Lichtspiele
Harsefeld

Noch heute sind die «Harsefelder Lichtspiele» ihrem Konzept treu: Sie verbinden Kino mit einem Hotelbetrieb. Seit 1848 betreibt Familie Meyer in Harsefeld eine Gastwirtschaft, später kamen ein Hotel und ein Kino dazu. Das Traditionskino «Harsefelder Lichtspiele» eröffnete 1928. Anfang der 1980er-Jahre übernahm die damals 25-jährige Enkelin Marga Engelmann nach dem plötzlichen Tod ihres Großvaters Karl-Friedrich Meyer den Betrieb, mittlerweile wird er von ihrem Sohn Martin Engelmann weitergeführt.

2021 öffnete sich der goldene Vorhang der «Lichtspiele» nach aufwendigen Renovierungsarbeiten wieder: Jedes Teil des neuen Interieurs wurde dabei exklusiv für die «Harsefelder Lichtspiele» maßgefertigt – angefangen bei den originalgetreuen Sitzreihen aus Norwegen über die individuell geschreinerten Echtholz-Tische bis hin zur textilen Wandbespannung. Die historischen Säulen und Türfassungen des Saals wurden in mühevoller Handarbeit aufgearbeitet. Das Programmkino ist ein Servicekino mit Bedienung und Klingel für die Bestellungen am Platz. Der Schwerpunkt des Filmprogramms liegt auf besonderen Filmen und Filmkunst. Dafür wurden die «Harsefelder Lichtspiele» vielfach ausgezeichnet.

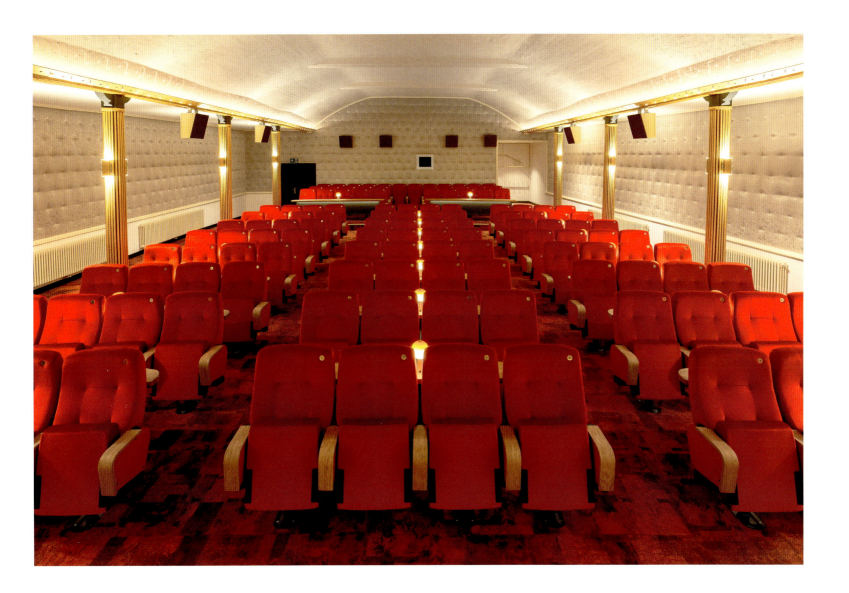

Nordrhein-Westfalen

Kinorama
Unna

Die Kinotradition in Unna gehört zu den längsten deutschlandweit. Bereits 1907 wurde hier ein Lichtspielhaus unter dem Namen «Neues Theater» eröffnet. Der älteste Saal des mittlerweile sechs Kinosäle zählenden Hauses stammt aus dem Jahr 1952, als der Neubau des Kinos eröffnet wurde. Entworfen hat ihn der Düsseldorfer Kino-Architekt Hans Nehaus, der in seiner Karriere für nahezu 200 Filmtheater verantwortlich zeichnete. Die starke Abstufung des Parketts ermöglicht es noch heute, dass die Leinwand von jedem Platz aus optimal zu sehen ist.

Bis 2017 war das Kino im Familienbesitz der Gründer Schmitz beziehungsweise Höhmann. Über die Jahre wechselte mehrfach der Name und das Kino wurde immer wieder modernisiert und erweitert. Zwischen 1956 und 1994 kamen die übrigen fünf Säle dazu. Seit 2017 betreibt Guido Rottstegge das Lichtspielhaus unter dem Namen «Kinorama».

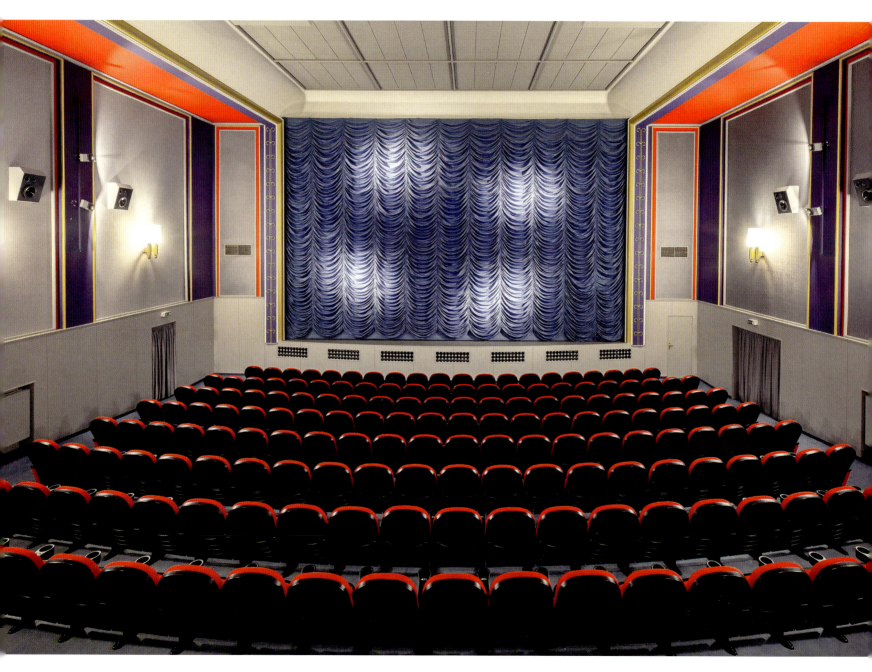

Nordrhein-Westfalen

Filmpalast
Lüdenscheid

Luxus im denkmalgeschützten Kino. Als André Lubba 2001 den denkmalgeschützten Filmpalast übernahm, hatte dieser nur einen Saal. Mittlerweile gibt es drei weitere. Neben hochwertiger Technologie wartet der Palast auch mit einem außergewöhnlichen Konzept auf, bei dem der Saal in verschiedene, individuell gestaltete Bereiche unterteilt wird. So finden sich hier luxuriöse VIP-Logen, kuschelige Pärchen-Logen sowie die einmalige Cloud Lounge, wo Filmliebhaber auf breiten, bequemen Liegen den Film entspannt genießen können.

Die Geschichte des Kino geht bis in die 1950er-Jahre zurück. Herman Müller eröffnete 1956 den «Filmpalast», der bis 1978 im Besitz der Familie blieb. 1979 erwarben Renate und Hans-Jürgen Lubba, die Eltern des heutigen Besitzers, das Kino.

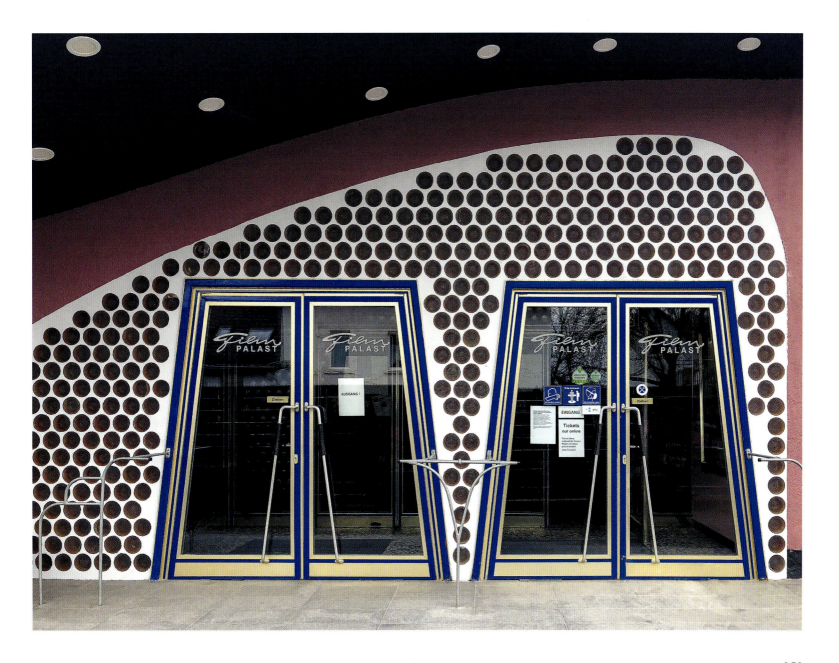

Nordrhein-Westfalen

Corso Film Casino
Nettetal

Service unterm Sternenhimmel. Gemütliche Sitze mit extra viel Beinfreiheit, Getränke per Anruf an den Platz: Das Konzept des Service-Kinos von Helmut Töpfer geht immer noch auf. 1978 übernahm der gelernte Filmvorführer das «Corso Film Casino». Im Laufe der Jahre modernisierte er es immer wieder und brachte es technisch auf den neuesten Stand. Sein heutiges Aussehen erhielt der bis heute einzige Vorführsaal 1996. Zum Bestellen von Getränken und Snacks nutzen die Besucher nach wie vor die grünen Wählscheibentelefone. Die Decke mit Sternenhimmel entstand gemeinsam mit der Sternwarte Bochum. 2008 übernahmen in zweiter Generation Sohn Harald Töpfer und dessen Frau Jana das Kino. 2017 verkauften sie die Immobilie und den Kinobetrieb, leiten das Kino aber weiterhin.

Nordrhein-Westfalen

Viktoria Filmtheater
Hilchenbach

Im Frühjahr 1960 öffnete sich erstmals der Vorhang im «Viktoria Filmtheater» in Hilchenbach-Dahlbruch. Damit fanden die «Siegerland-Lichtspiele», ein seit Sommer 1948 bestehendes Tournee-Kino, im «Gebrüder-Busch-Theater» der Stadt Hilchenbach ein Zuhause mit 500 Plätzen.

Das «Viktoria Filmtheater» gehörte zu den Gründungsmitgliedern der Gilde deutscher Filmkunsttheater und war eines der ersten Kinos, das vom Bundesministerium des Innern für sein Jahresfilmprogramm ausgezeichnet wurde. Und bis heute wird das «Viktoria Kino» alljährlich vom Bundesministerium für Kultur und Medien sowie der Film- und Medienstiftung Nordrhein-Westfalen für sein Jahresfilmprogramm prämiert. Aktuell verfügt es über 364 Plätze, von denen sich 304 im Parkett und 60 auf dem Balkon befinden. Das Filmkunst- und Programmkino zeichnet sich durch ein anspruchsvolles Filmprogramm, vielseitiges Kinderkino sowie zahlreiche Filmreihen und Kooperationsveranstaltungen mit Vereinen und Verbänden aus.

Nordrhein-Westfalen

JAC Kino
Attendorn

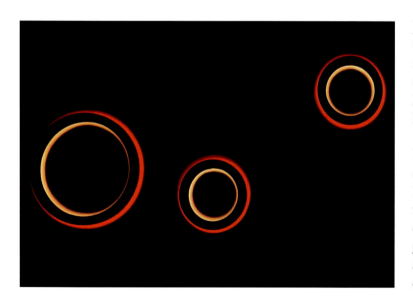

JAC – die Buchstaben stehen für Johannes, Attendorn und Christin – aus einer Kombination ihrer Initialen und dem Standort bildete das Ehepaar Cordes den Namen ihres Kinos, das sie 2019 eröffneten. Christin Cordes führte da bereits seit 2012 mit dem «Lichtspielhaus» in Lennestadt das Traditionskino ihrer Eltern.

Das moderne Kino besteht aus fünf bis ins Detail individuell designten Sälen: Die Getränkehalter werden im eigenen 3D-Drucker hergestellt, in den Sälen finden sich Sofas, Ohrensessel und Hocker zum Wohlfühlen. Bei der Programmauswahl wird ein besonderer Schwerpunkt auf Kinderfilme gelegt, ebenso gibt es Sonder-Filmreihen. Das «JAC Kino» bietet ein vielseitig aufgestelltes Kinoprogramm und wurde dafür wiederholt mit dem Kinoprogrammpreis Nordrhein-Westfalen ausgezeichnet.

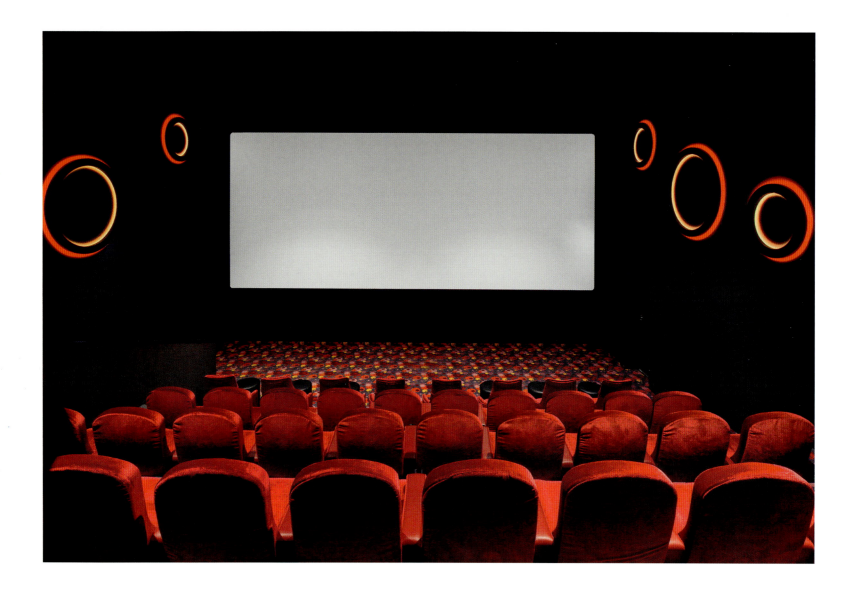

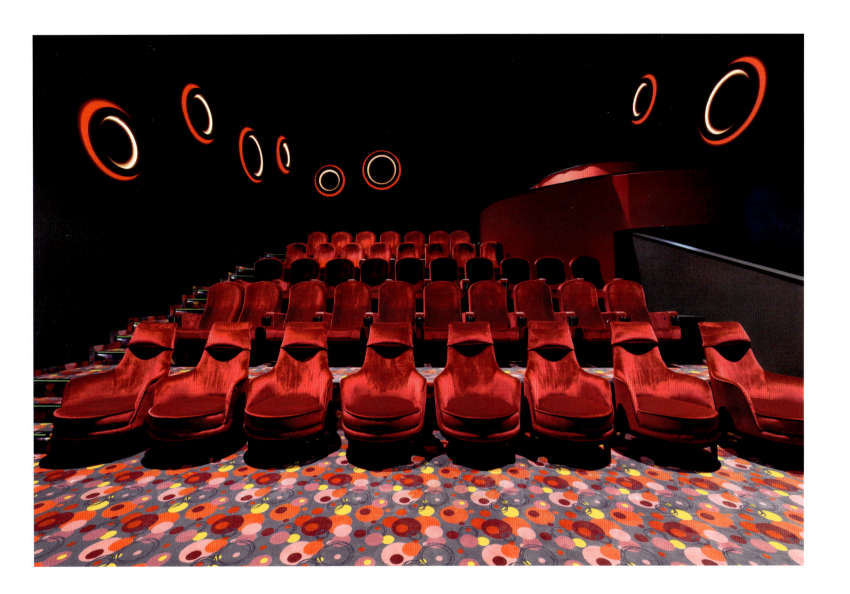

Nordrhein-Westfalen

Berli Theater
Hürth-Berrenrath

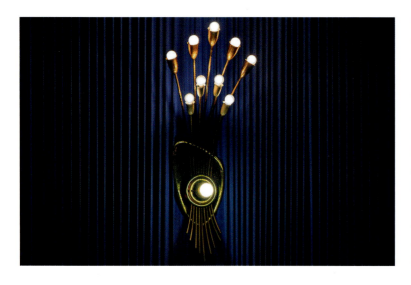

Das «Berli» kommt mit! Jean Massoné baute in der kleinen Ortschaft Berrenrath einen durch den Krieg zerstörten Tanzsaal zu einem Kino mit über 500 Sitzplätzen um und eröffnete 1946 das «Berrenrather Lichtspiel-Theater», kurz als «Berli» bezeichnet. Berrenrath wurde im Zuge der Braunkohlegewinnung umgesiedelt, Otto Jansen eröffnete so 1958 in Hürth ein neues «Berli» mit einem Saal und Platz für 380 Zuschauer. Bis heute ist es eines der wenigen Dorfkinos im Rhein-Erft-Kreis, das die vielen Strukturwandel in der Kinolandschaft überlebt hat. Das historische Ein-Saal-Kino mit Gastronomie wird seit 2014 in vierter Generation von André Jansen betrieben. Modernste Projektions- und Tontechnik wurden behutsam in das originale Interieur integriert, sodass der 1950er-Jahre-Charme bis heute zu spüren ist.

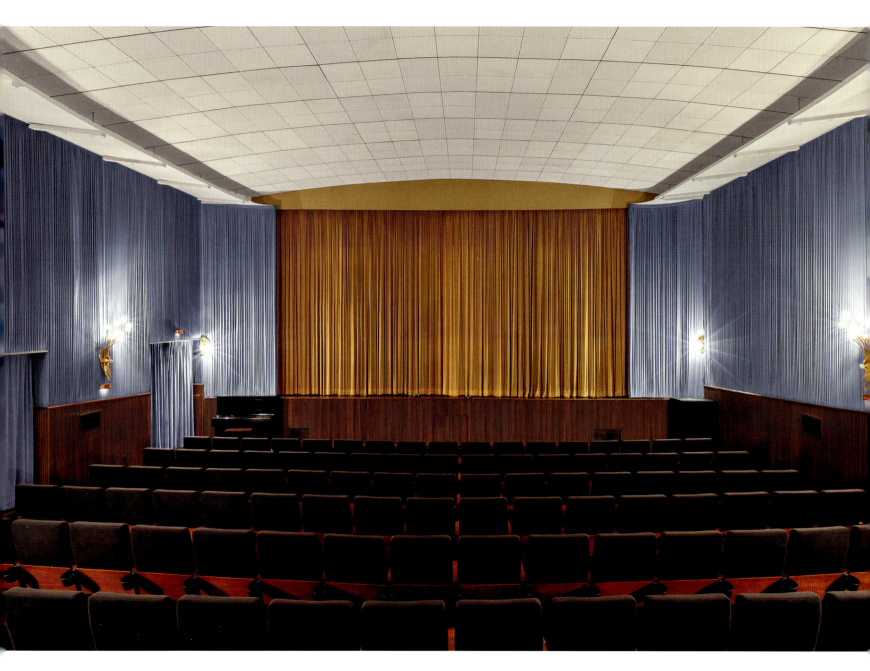

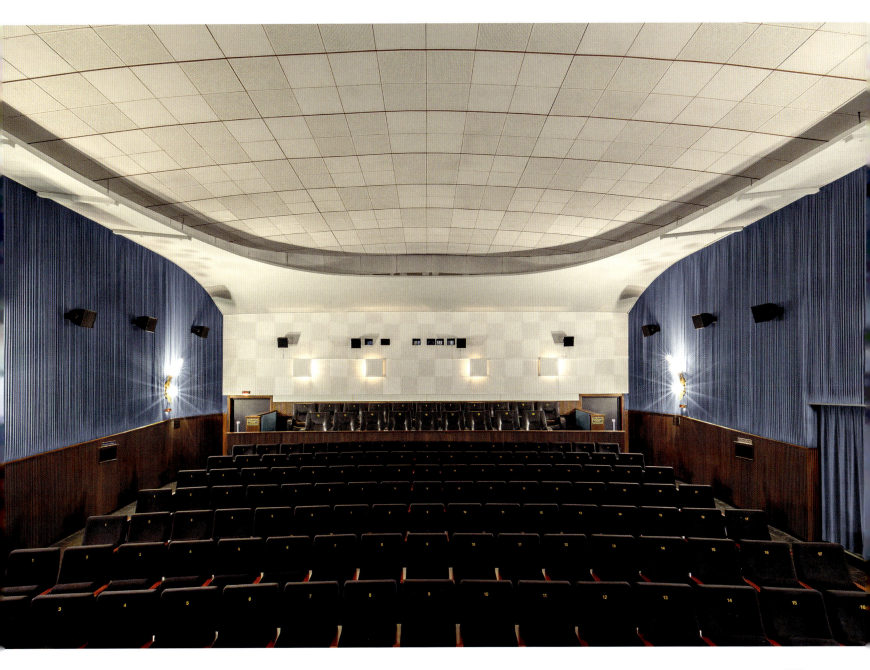

Rheinland-Pfalz

Pro-Winzkino
Simmern

Ein engagierter Verein hält den Kinobetrieb in Simmern lebendig: Das «Pro-Winzkino» wird von neun Kinofreunden geführt. 1984 gründete sich der Verein «Pro-Winzkino Hunsrück» und hatte seine erste Spielstätte in den «Post-Lichtspielen», die 1990 als letztes Kino im Ort ihren Betrieb einstellten und abgerissen wurden. 1992 eröffnete der Verein ein neues «Pro-Winzkino» mit mittlerweile zwei Sälen und insgesamt 190 Sitzplätzen in der Marktstraße in Simmern. Das Filmangebot besteht aus einem Wochenprogramm für Erwachsene und Kinder, welches sich an den aktuellen Kinocharts orientiert sowie einem eigens kuratierten Programm mit den Reihen «Der besondere Film» für Erwachsene und «Pro-Winzling» für Kinder, außerdem gibt es ein Kurzfilm-Angebot. Seit 2019 ist das Kino Mitveranstalter der Heimat-Europa-Filmfestspiele.

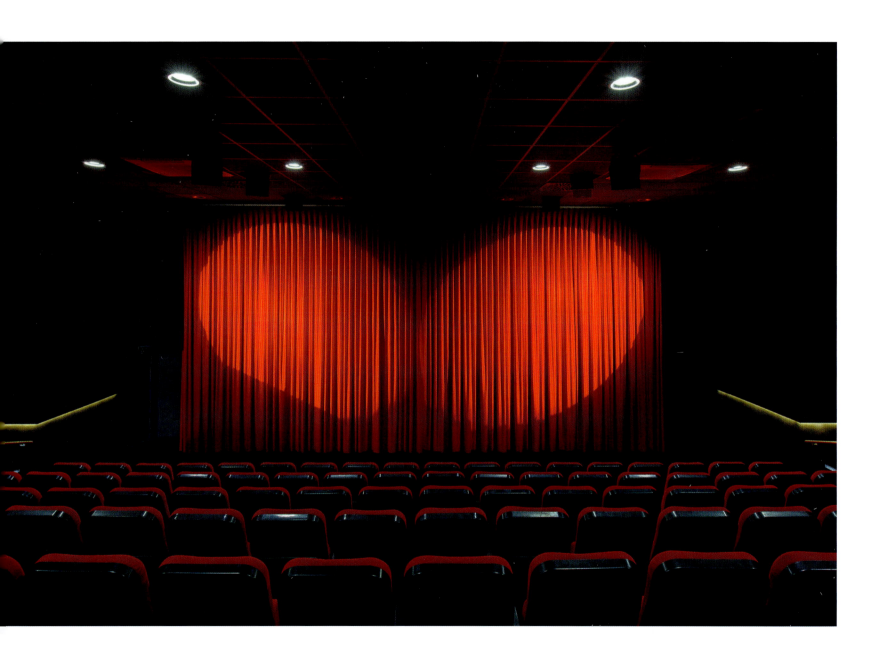

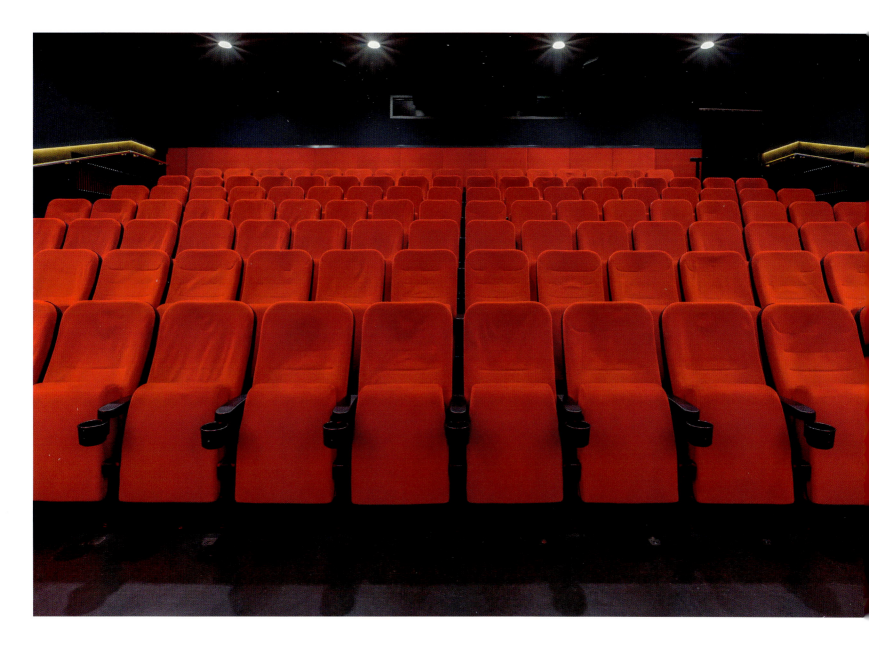

Rheinland-Pfalz

Apollo
Cochem

Ein neues Foyer, neue Leinwände, neue Sitze in beiden Sälen, LED-Beleuchtung, modernste Projektoren, ein modernes Soundsystem und 3D-Technik – Maximilian Bugdan hat sein Kino in den letzten Jahren für die Zukunft und mindestens noch über 70 weitere Kinojahre fit gemacht.

Das «Apollo Theater» wurde 1952 eröffnet. 1978 übernahmen es die Eltern von Maximilian Bugdan, der 2017 mit 25 Jahren das «Apollo» übernahm. Das Kino wurde über die Jahrzehnte mehrfach saniert, zuletzt 2021. Es verfügt über zwei individuell gestaltete Säle und ein Foyer. Neben Mainstream-Filmen gibt es Filmkunst, Klassiker, Kinder- und Animefilme zu sehen. Außerdem stehen regelmäßig Live-Veranstaltungen wie Poetry Slams auf dem Programm. Zweimal im Monat lädt der Kino-Freundeskreis bei regionalem Wein und Snacks zum Austausch über einen ausgewählten Film ein.

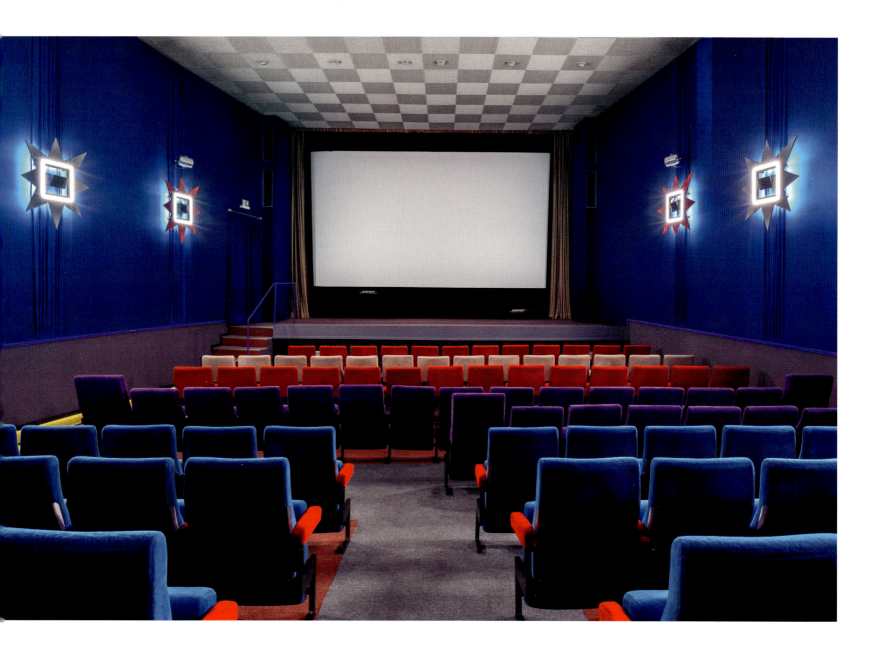

Rheinland-Pfalz

PROVINZ Programmkino
Enkenbach-Alsenborn

Große Leinwandlegenden wachen hier über jede Filmvorführung: Airbrush-Porträts von Jack Nicholson, Marlene Dietrich, Liza Minnelli und der Filmfigur Eraserhead zieren seit seiner Renovierung und Neugestaltung 1987 die Wände des Saals des «PROVINZ Programmkinos». Damals nahm das Kino in Enkenbach-Alsenborn in den leerstehenden Räumlichkeiten des 1953 gegründeten «UNA-Theaters» seinen Dienst wieder auf, nachdem es ursprünglich 1980 im eine halbe Stunde entfernten Queidersbach gegründet wurde.

Stefan Sprengart und Ursula Simgen-Buch betreiben das Kino, das Platz für 169 Personen bietet, mit zahlreichen Sonderreihen und Events wie Kinofesten, Kinderferienfilmen, dem beliebten Kaffee-Kuchen-Kino oder der Filmreihe «Frauen Sinn(-ema)». Das vielfältige Programmangebot mit ausgewählter Filmkunst erfährt seit vielen Jahren Anerkennung durch Kinoprogrammpreise sowohl des Landes als auch des Bundes.

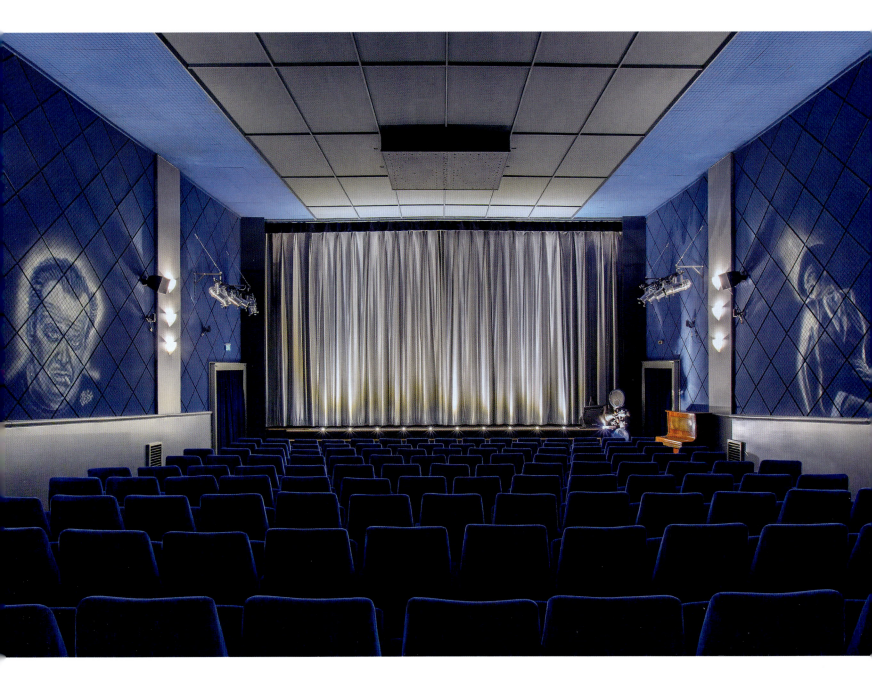

Rheinland-Pfalz

KREML Kulturhaus
Hahnstätten/Zollhaus

Klein, aber fein. Das Kino im «KREML Kulturhaus» zählt gerade mal 82 Sitzplätze. «KREML» steht für die Wörter Kultur, Regional, Modern und Lernen. Das «KREML» ist ein soziokulturelles Zentrum, zu dem neben dem Programmkino ein Mehrgenerationenhaus mit Kulturcafé, ein Haus für Tagungen und andere Events, ein eigener Chor, ein Waldkindergarten und vieles mehr gehören.

Einer der Betreiber des «KREML Kulturhauses» ist Thomas Scheffler. Ein Freund von ihm kaufte Anfang der 1990er-Jahre ein leerstehendes Gebäude der Raiffeisen mit der Idee, gemeinsam Kultur vor Ort zu veranstalten. Die beiden gründeten 1997 das Kulturhaus. Als Wahrzeichen dient bis heute eine goldene Litfaßsäule mit Zwiebelturm vor dem Gebäude. Das Kino bietet ein täglich wechselndes Programm sowie Dokumentar- und Kinderfilme. Im Vorprogramm laufen regelmäßig Kurzfilme. Für die besondere Filmauswahl wird das «KREML» regelmäßig prämiert.

Rheinland-Pfalz

Broadway Kino
Ramstein

Kino in seiner schönsten Form – diesem Motto getreu haben Renate Goldhammer und Ernst Pletsch ihren Kinotraum mit dem «Broadway» verwirklicht. Die Einfahrt ziert ein nachts illuminierter Torbogen, der zunächst passiert werden muss.

Das Kino selbst empfängt die Besucher mit einer weitläufigen Lobby mit Bar, die an ein Luxushotel in einer Großstadt erinnert. Die mittlerweile sechs Kinosäle sind allesamt auf dem neuesten Stand der Technik. Schon 1989 war das «Broadway» eines der ersten drei Kinos in Deutschland, das die von STAR WARS-Regisseur George Lucas' Unternehmen THX Ltd. vergebene THX-Zertifizierung erhielt, die eine hohe Qualität und Leistung der Audio- und Videowiedergabe garantiert.

Seit 1985 gibt es das Ramsteiner «Broadway» in dem Neubau am Stadtrand nahe der Autobahn A6 gelegen. Über die Jahre wurde es immer wieder modernisiert und erweitert. Von Anfang gab es hier die Filme nicht nur in der synchronisierten deutschen Fassung zu sehen, sondern für die zahlreichen amerikanischen Besucher von der örtlichen US-Base ebenfalls in der englischsprachigen Originalfassung. Auch nach nahezu 40 Jahren in Ramstein sind Renate Goldhammer und Ernst Pletsch immer noch auf der Suche nach Innovationen für ihr Kino, nun zusammen mit Maximilian Hoffmann, der die nächste Generation im Führungsteam vertritt.

Rheinland-Pfalz

Eifel-Film-Bühne
Hillesheim

Hans und Maria Runge veranstalteten 1943 im Saal einer Gaststätte ihre erste Filmvorführung. Bis dahin war es für den Kinoliebhaber Hans ein steiniger Weg, um seine Leidenschaft in die Realität umsetzen zu können. Schon in seiner Jugend hatte er den Kindern des Ortes auf seinem Projektor zusammengeklebte 8-mm-Filmreste vorgeführt, doch später verweigerte ihm die Gaufilmstelle zunächst das Vorführzeugnis wegen einer Behinderung der rechten Hand.

Nach dem Zweiten Weltkrieg sehnten sich die Menschen nach Unterhaltung, der alte Saal wurde zu klein und so bekam die «Eifel-Film-Bühne» 1948 einen Neubau mit einem Saal, der 330 Plätze fasste. Im selben Gebäude befand sich bis 2019 das Radiofachgeschäft der Familie, das nach der Einführung des Fernsehens den Kinobetrieb mitfinanzierte. 1979 übernahmen Günter und Christine Runge den Kinobetrieb und modernisierten 1991 nicht nur das Kino, sondern auch das Filmangebot. Zu den letzten Neuerungen 2021 zählen eine neue Theke und eine Filmbar.

Als Programmkino mit 220 Sitzplätzen zeigt die «Eifel-Film-Bühne» Filme abseits des Mainstreams – zu sehen sind Arthouse-Filme, Dokumentationen und Filme für Kinder, Schüler und Senioren. Ein Kurzfilm als Vorfilm ist obligatorisch. Durch Lesungen, Konzerte und Diskussionsabende etablierte sich die «Eifel-Film-Bühne» auch als Veranstaltungsort für weitere kulturelle Events.

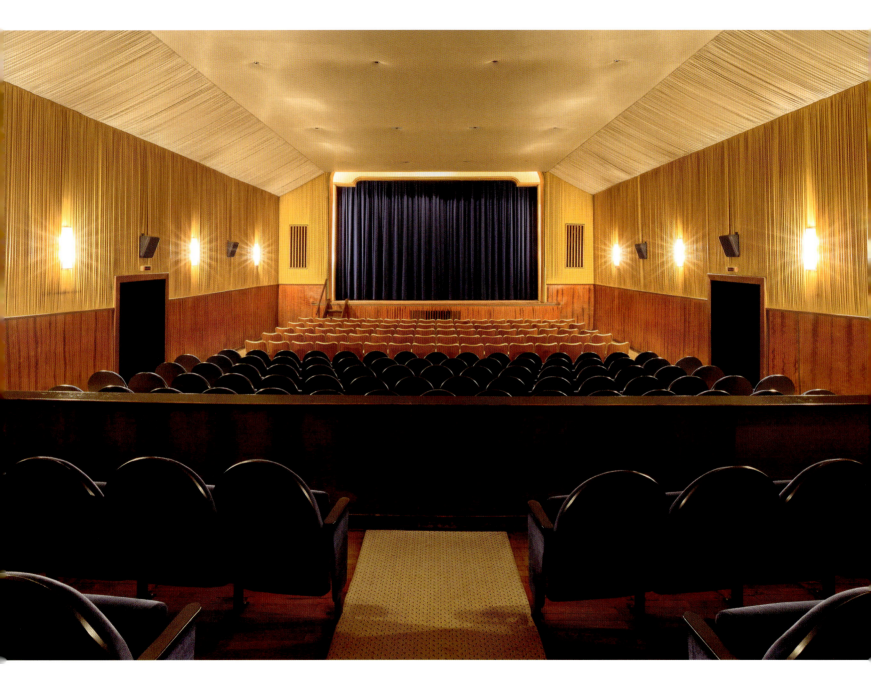

Saarland

Schmelzer Lichtspiele
Schmelz

‹Mini› und ‹Maxi›, so heißen die beiden Vorführsäle der «Schmelzer Lichtspiele». An den Wänden im 200 Plätze fassenden großen Vorführraum ‹Maxi› ist ein Stück BRD-Geschichte verewigt: Das florale Wanddekor ist inspiriert von der Randprägung der ehemaligen 1-DM-Münze. Und was heute fast noch historischer anmutet, aber bis 2008 möglich war: In den Lichtspielen durfte man während der Filmvorführungen rauchen.

Das Traditionskino wurde Weihnachten 1919 von Johann und Barbara Müller, den Urgroßeltern der heutigen Betreiber, Hans Gerhard Müller und seiner Cousine Margit Müller, erbaut und eröffnet. Ende der 1930er-Jahre betrieben Sohn Hans Müller und seine Frau Marga das Filmtheater mit einem Saal weiter. 1983 wurde das Kino um den zweiten kleinen Saal mit 71 Plätzen erweitert. Anlässlich des 100-jährigen Jubiläums drehte der aus Schmelz stammende Regisseur Christoph Leyendecker einen Dokumentarfilm über das Kino.

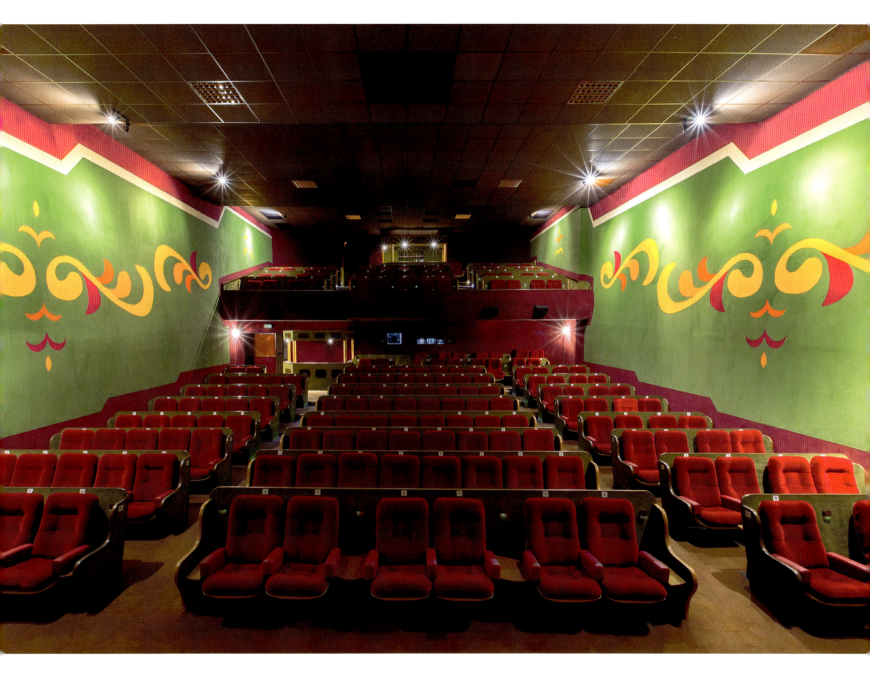

Saarland

Lichtspiele Wadern
Wadern

Ein weiteres Traditionskino, das nur durch den Einsatz eines engagierten Vereins gerettet werden konnte: Seit 2012 werden die «Lichtspiele Wadern» vom eigens gegründeten Verein «Filmfreunde der Lichtspiele Wadern» ehrenamtlich geführt.

1906 erweiterte der Gastwirt Theodor Dubois seine Gastwirtschaft «Ratsschenke» um einen Festsaal, in dem Wanderkinos gastierten. Am ersten April 1930 wurden die eigenen «Ton-Lichtspiele» aus der Taufe gehoben, die schon bald in «Lichtspiele Wadern» umbenannt wurden, zunächst mit zwei Vorstellungen in der Woche für 180 Zuschauer. Der Sohn Franz Dubois und seine Frau Anni übernahmen später Kino und Gasthaus. In den 1950er-Jahren wurden täglich Filme für 250 Besucher gespielt und das Kino im Nebenerwerb entwickelte sich zum eigenständigen Geschäftsbereich. 1954 wurde den gestiegenen Erwartungen des Publikums gemäß umgebaut. Ab 1960 führte Anni mit ihrem Sohn Karl-Heinz den Kinobetrieb weiter. 1990 erfolgte eine Modernisierung der «Lichtspiele» und sie wurden in «Starlight Kino» umbenannt bis sie 2011 schlossen. Nach einer umfassenden Renovierung eröffnete der Verein unter dem historischen Namen «Lichtspiele Wadern» das Kino neu. Dabei kooperieren die Betreiber eng mit den ebenfalls vereinsgeführten «Lichtspielen Losheim». Die Stadt und die ehemalige Betreiberfamilie Dubois sind Förderer des Kinos.

Saarland

Kinowerkstatt
St. Ingbert

Kino im Jugendzentrum. Eine Gruppe junger Filmbegeisterter organisierte 1976 im Jugendzentrum St. Ingbert ein nicht kommerzielles Filmfestival mit besonderen Filmen. Mit von der Partie war der damalige Psychologiestudent Wolfgang Kraus. Er und einige Mitstreiter gründeten die «Kinowerkstatt St. Ingbert». Sie veranstalteten regelmäßig Kino im Jugendzentrum und wurden mit den Jahren überregional bekannt. Das Konzept, alternative Kultur und ein außergewöhnliches Kinoprogramm in der Provinz zu etablieren, ging auf. Filme mit regionalen Inhalten sowie kulturell und filmgeschichtlich wichtige Filme gehören zum Programm. Die «Kinowerkstatt» hat sich als Ort der Begegnung und des Diskurses bewährt. 2007 kam es zur Vereinsgründung, Wolfgang Kraus ist seither erster Vereinsvorsitzender und hauptamtlichem Kinoleiter. Mittlerweile wird die «Kinowerkstatt» vom Kreis, Stadt und Land finanziell unterstützt und ermöglicht damit die unabhängige und kreative Filmkulturarbeit.

Saarland

Cinetower
Neunkirchen

Ursprünglich war der «Cinetower» ein Wasserturm, der als Kühlturm für die Hochöfen der Neunkircher Stahlwerke diente. Mit einer Höhe von 41 Metern und einem Durchmesser von 14 Metern wurde er 1936 erbaut und bis 1982 als solcher genutzt. In diesem Koloss eröffnete Ronald Ohl 1997 den «Cinetower» mit vier runden Sälen und insgesamt 417 Sitzplätzen. 1985 wurde er unter Denkmalschutz gestellt und sollte als Freizeitcenter mit Kino, Restaurants, Biergarten und Fitnesscenter genutzt werden. Nach zweijähriger Umbauphase wurde der Wasserturm 1997 seiner neuen Bestimmung übergeben. 2001 übernahm Andreas Simon den «Cinetower» und betrieb das Kino bis zu seinem plötzlichen Tod im Juli 2024. 2017 – nach zwanzig Jahren mit rund 100.000 Besuchern jährlich – musste der Wasserturm vollständig saniert werden, dafür wurde der Turm einmal mit großem Aufwand komplett eingerüstet.

Saarland

Lichtspiele Losheim
Losheim

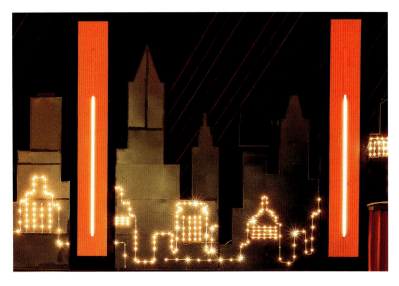

Filmfreunde müssen zusammenhalten! Dank der zahlreichen ehrenamtlichen sowie 150 fördernden Mitglieder ist es dem Verein «Filmfreunde Losheim» gelungen, ihrem örtlichen Kino 2016 neues Leben einzuhauchen. Von Anfang an kooperierten sie eng mit dem Verein der «Filmfreunde Wadern», der ihnen Pate stand. Das Programmkino bietet jedes Wochenende Filme für alle Altersgruppen, monatlich findet das Kreiskinderkino statt und mehrmals jährlich gibt es ein Seniorenkino mit Kaffee und Kuchen sowie spezielle Reihen wie «Umweltkino», «Besonderer Film» oder «Kirche im Kino». Die Bühne und der Saal der «Lichtspiele» werden außerdem mit der Reihe «Kultur im Kino» für unterschiedliche kulturelle Veranstaltungen genutzt.

Anny Dubois eröffnete 1957 die heutigen «Lichtspiele Losheim» als Servicekino. Ihr Enkelsohn Axel führte den Kinobetrieb bis 2012 weiter. Danach übernahm das Ehepaar Kreutz aus Losheim für knapp drei Jahre das Kino als «Filmwerk Orange» bis 2015. Nach kurzem Leerstand gründeten interessierte Menschen gemeinsam mit der Gemeinde Losheim am See sowie dem Eigentümer des Gebäudes 2016 den Verein «Filmfreunde Losheim». Er arbeitet mit anderen Organisationen, Kulturveranstaltern und örtlichen Vereinen und Netzwerken eng zusammen. Die Gemeinde unterstützt zusätzlich finanziell.

Sachsen

KulturKino zwenkau
Zwenkau

Rettung in letzter Minute. Mit zunehmendem Verfall des Gebäudes und genehmigtem Abriss schien das Schicksal des 1927 erbauten Art-déco-Kinos in Zwenkau im Jahr 2003 endgültig besiegelt. Die Stadt als Eigentümerin fand nach der Wiedervereinigung keinen neuen Träger. Kurz bevor die Bagger anrollten, gründete sich der Verein «kulturinitiative zwenkau». Die Mitglieder entwarfen ein neues Nutzungskonzept und begannen mit einem Notspielbetrieb, bauerhaltenden Maßnahmen sowie ersten Sanierungsschritten. Nach unzähligen ehrenamtlichen Arbeitsstunden konnte das «KulturKino zwenkau» 2017 eröffnet werden. Ein Programmkino wird seitdem mit Projektarbeit verbunden, mittlerweile gibt es rund 120 Veranstaltungen im Jahr. Unterstützer sind die Stadt Zwenkau, das Land Sachsen und ansässige Unternehmen.

Ebenso beherzt wie die Rettung war auch schon die Errichtung des Kinos: Nach nur sechs Monaten Bauzeit eröffnete der Fotograf Friedrich Franz Rosenberg 1927 seine dritten Lichtspiele unter dem Namen «Wallhalla Lichtspiele» mit 700 Sitzplätzen. Das Kino nach dem Entwurf des angesehenen Architekturbüros Harnisch & Gerner entsprach den modernsten Anforderungen. Nach dem Zweiten Weltkrieg und Enteignung lief der Kinobetrieb ab 1955 unter dem Namen «Volkslichtspiele Zwenkau» weiter. Zwischen 1973 und 1976 wurde das Kino zum beliebten «Kulturhaus Freundschaft» umgebaut, das im Jahr 1990 geschlossen wurde.

Sachsen

Kulturhaus
Böhlen

Kultur als Medizin. Ein Benzinwerk, ein Brennstoff-Kombinat sowie ein Kraftwerk sollten den Wiederaufbau der Industrie nach dem Zweiten Weltkrieg in der sowjetisch besetzen Zone befördern. Eine große ökologische und gesundheitliche Belastung für die Bewohner und Arbeiter am Industriestandort Böhlen, die ihren Alltag von Ruß und Staub bedeckt sahen. Ein kultureller Treffpunkt mit Kino, Theater, Konzerten und Ausstellungen sollte die Strapazen für Arbeiterschaft und Bevölkerung etwas lindern. Nach mehr als zwei Jahren Bauzeit wurde das Prestigeobjekt «Kulturpalast Böhlen» feierlich 1952 eröffnet. Die Organisation lag in Händen des Ministerpräsidenten Otto Grotewohl, die Finanzierung übernahm die ehemalige sowjetische Aktiengesellschaft und das Benzinwerk Böhlen war für die Bauleitung verantwortlich

Der «Kulturpalast» mit seinem 985 Plätzen fassenden Saal und mit russischer weißer Birke verkleideten Wänden entwickelte sich schnell zu einem Haus der Spitzenklasse. Bis im Juni 2002 ein Feuer im Großen Saal ausbrach und ihn vollständig zerstörte, sodass der Betrieb eingestellt werden musste. Die Stadt Böhlen erstand 2006 das Gebäude für einen Euro vom Landkreis und begann mit der Sanierung. Seit 2010 betreibt die Kulturbetriebs GmbH Böhlen nun das «Kulturhaus». Die Stadt ist alleinige Gesellschafterin. Das Haus beherbergt in seinen Räumen den Kulturverein Böhlen, die Musikschule des Landkreises Leipzig und das Leipziger Symphonieorchester.

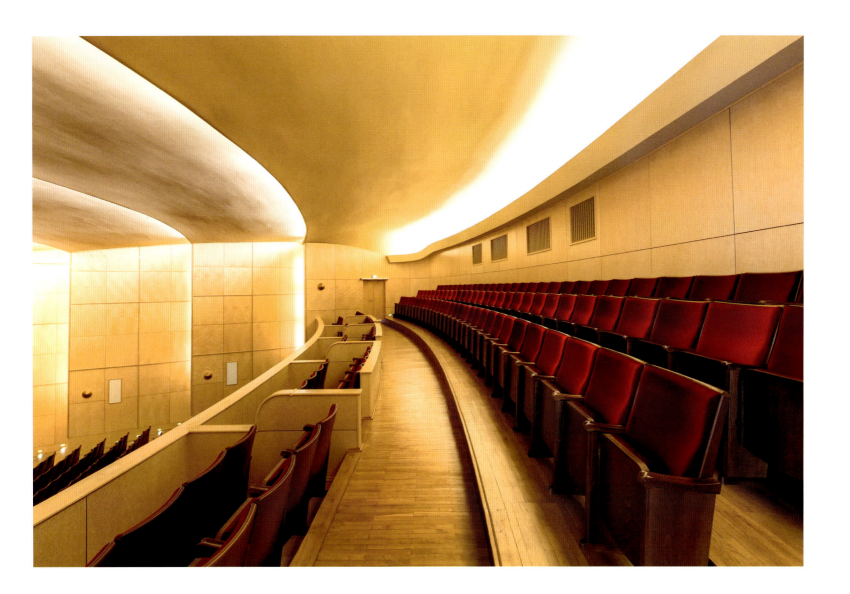

Sachsen

Welt-Theater
Frankenberg

Alles begann mit einer Kino-Schließung, denn Kinobetreiber Erich Herrmann war zu erfolgreich. Der Platz in seinem «Welt-Theater» wurde zu knapp und seine Vermieterin verwehrte ihm den Umbau zur Vergrößerung seines Betriebs. So kaufte er 1936 die stillgelegte Gasanstalt in Frankenberg und ließ sie im Stil der 1920er-Jahre zu einem Lichtspielhaus mit 650 Sitzplätzen umbauen: 1937 eröffnete das «Neue Welt-Theater». Heute steht das Haus unter Denkmalschutz und ist als technisches Denkmal ausgewiesen. In den Jahren seines Bestehens durchlief das Kino einige Besitzerwechsel und Umbauten und einen zeitweisen Leerstand, bis es der Verein «IG Welt-Theater Frankenberg/Sa.» 2010 wiedereröffnete.

1945 wurde Herrmann von der sowjetischen Militärkommandantur enteignet, fungierte aber weiter als Theaterleiter und eröffnete 1946 wieder. 1950 fiel das Haus dem Land Sachsen zu. 1977 fand eine größere Sanierung statt, die Bestuhlung wurde auf 366 reduziert und eine moderne Visionsbar entstand. Nach dem Ende der DDR übernahm Thomas Abel das Kino und löste seinen Vorgänger Günter Koppehel ab. 1993 entfernte Abel die Visionsbar und teilte das Kino in drei Säle auf. Im Jahr 2000 wurde der Kinobetrieb eingestellt. Lediglich eine Rockband nutzt es ab diesem Zeitpunkt zum Proben und das «Blue-Café» war dort noch in Betrieb. Im November 2009 gründen Kinobegeisterte den Verein «IG Welt-Theater Frankenberg/Sa.» Seit 2010 wird das denkmalgeschützte Haus wieder regelmäßig bespielt und ist im Laufe der Zeit umfassend saniert worden. Der Schwerpunkt des Filmprogramms liegt auf 35-mm-Filmen, die auf den historischen Projektoren «Ernemann 7b» abgespielt werden. Das vielfältige Kulturangebot wird durch ein kleines Filmmuseum ergänzt.

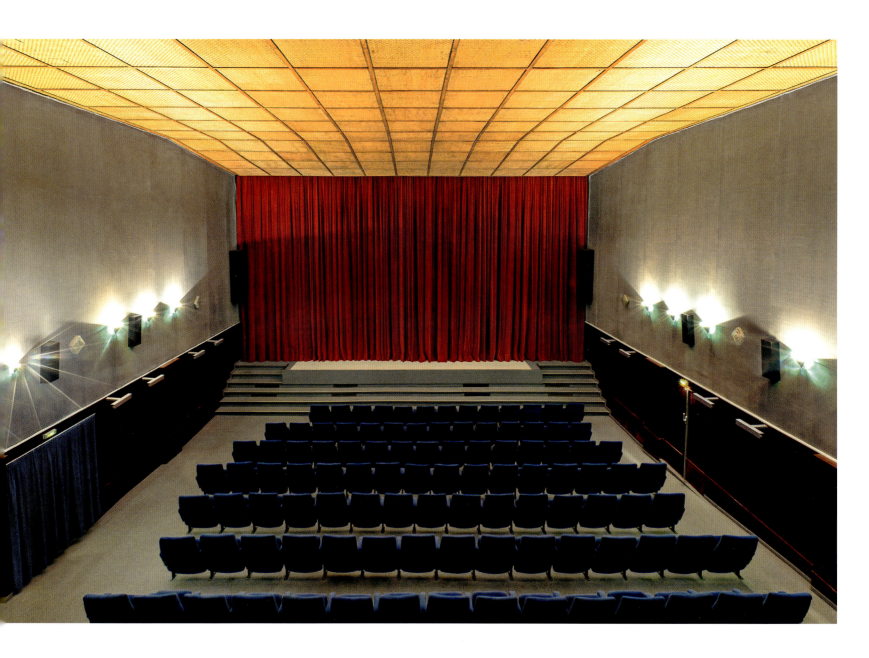

Sachsen

Kunstbauerkino
Großhennersdorf

Eine vom Film begeisterte Gruppe gründete 1993 den Verein «Kunstbauerkino» in Großhennersdorf. Ihnen ging es darum, auch in der ländlichen Region Filme zu zeigen, die abseits des Mainstreams stattfinden. Erste Spielstätte war ein ehemaliger Tanzsaal im Dorf. 1997 ging es an den heutigen Standort: das Gebäude der «Alten Bäckerei» Großhennersdorf. Mit anfangs 23 Sitzplätzen zählte das Kunstbauerkino zu einem der kleinsten Programmkinos Deutschlands.

2006 entschloss man sich zur Vergrößerung, eine Scheune auf dem Gelände wurde zum Neubau und das «Kunstbauerkino» wuchs auf 60 Plätze an. Seit Gründung des Vereins wird der Kinobetrieb von ehrenamtlich Mitarbeitenden getragen. Das Kino ist Veranstalter des trinationalen Neiße Filmfestivals mit Spielorten in Polen, Tschechien und Deutschland und bietet damit jährlich einen Einblick in das Filmschaffen der drei Nachbarländer. Als alternative Spielstätte wurde das «Kunstbauerkino» für sein Jahresprogramm wiederholt ausgezeichnet. In der ehemaligen Dorfbäckerei befinden sich auch eine Umweltbibliothek und das Kulturcafé «Alte Bäckerei» mit Sommergarten.

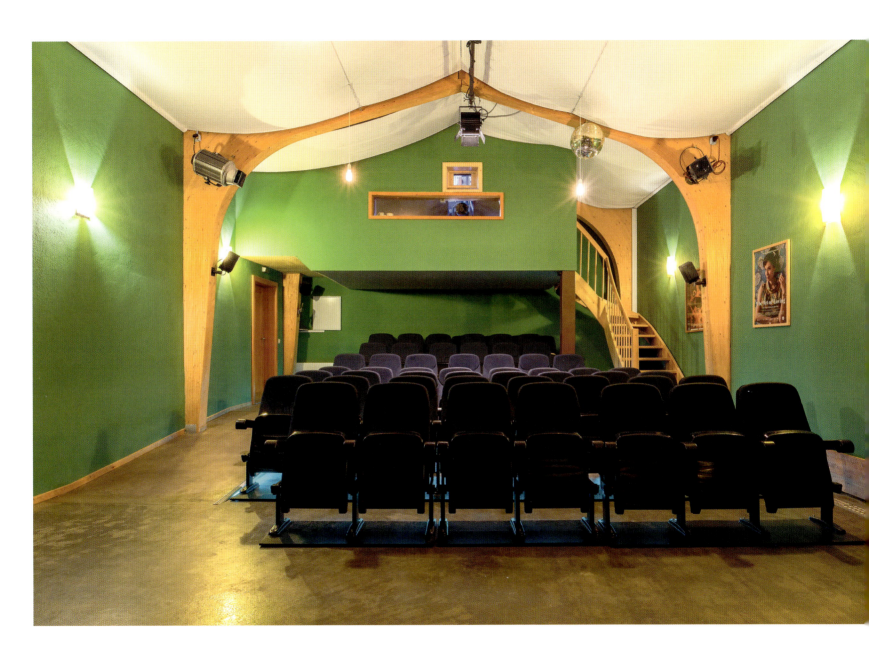

Sachsen

Clubkino
Siegmar

Im «Clubkino» in Siegmar werden Talente entdeckt: Hier stehen nämlich nicht nur Filme aus aller Welt, sondern auch eigene Produktionen des Betreibervereins, der «Chemnitzer Filmwerkstatt», auf dem Programm. Der Verein existiert seit 1991 und produziert als medienpädagogische Einrichtung Kurzfilme von Nachwuchsfilmschaffenden. 1996 hat er in freier Trägerschaft das Clubkino übernommen.

Errichtet wurde das Kino von 1914 bis 1915 unter dem Namen «Koppes Lichtspielhaus» als Stummfilmkino. 1937 erweiterte Familie Koppe das Kino auf den noch heute betriebenen Kinosaal mit 600 Plätzen plus Bühne und nannte es fortan «Lichtspielhaus Capitol». Nach dem Zweiten Weltkrieg wurde Gründer Richard Koppe wegen «politischer Unzuverlässigkeit» der Gewerbeschein entzogen und das Kino ging 1949 in den Besitz des Landes Sachsen über. Anfang der 1980er-Jahre renovierte die Bezirksfilmdirektion Karl-Marx-Stadt das Kino umfassend und gab ihm seinen heutigen Charakter eines Clubkinos mit 120 Sesseln, dazu gehörenden Tischen und einer Bar. Nach der Wende betrieb die Stadt Chemnitz das Kino bis es 1996 vor der Schließung stand. Gerettet werden konnte es durch die «Chemnitzer Filmwerkstatt». Seit 1993 ist Thilo Götz als Theaterleiter für das preisgekrönte Filmprogramm verantwortlich.

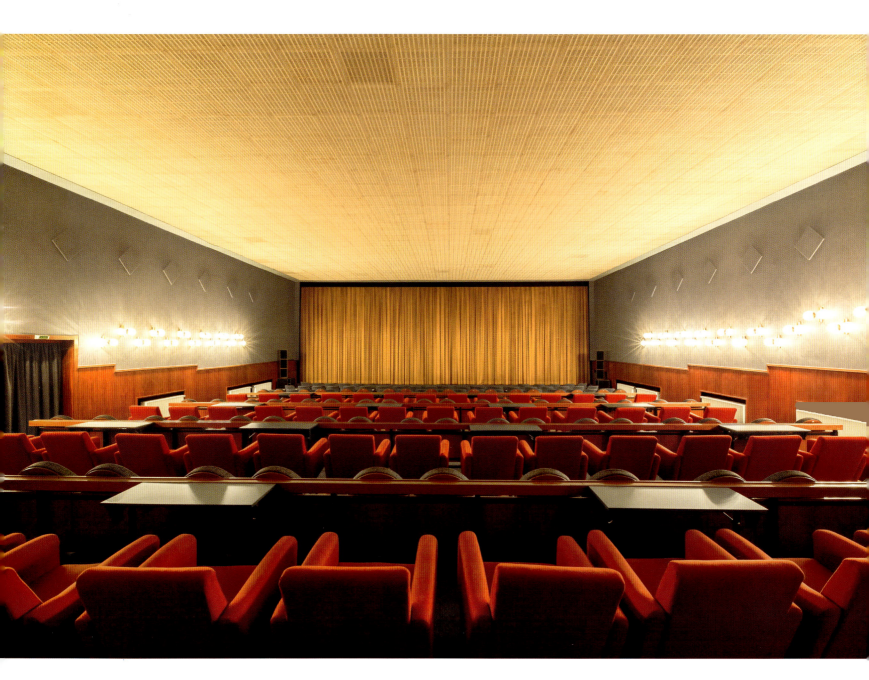

Sachsen-Anhalt

Capitol
Bernburg

Der Kinobetreiber und Filmverleiher Ottomar Tschakert wollte mit dem «Capitol» seinem Heimatort Bernburg einen Filmpalast nach dem Vorbild der großen Metropolen schenken. Für den Kinoneubau nach dem Entwurf von Friedrich Bunses erwarb er zwei Häuser, die er für ein großes modernes Foyer abreißen lassen wollte. Er erhielt dafür jedoch keine Genehmigung und so errichtete er das Kino auf dem Hof der Grundstücke. Das prachtvolle Gebäude ist so von der Straße aus nicht zu sehen, bis auf einen kleinen Eingang zwischen den Wohnhäusern. Das «Capitol» eröffnete am 14. November 1927, als Vorfilm wurde den Gästen ein von Tschakert gedrehter Film über die Bauarbeiten gezeigt. Der technisch moderne Saal mit Klimaanlage hatte 1.000 Sitzplätze, Balkon, Bühne mit Orchestergraben und zwei Bühnenzimmer. Wegen der guten Akustik wurden im «Capitol» auch Konzerte veranstaltet.

Ottomar Tschakert erlebte die Enteignung der sächsischen Kinobetreiber und die Verwaltung der Bezirksfilmdirektion nicht mehr. In den Jahren von 1960 bis 1987 wurde das «Capitol» mehrfach umgebaut, modernisiert und die noch heute existierende Visionsbar mit neun Tischen eingerichtet sowie die Anzahl der Besucherstühle auf 300 Stück reduziert. Außerdem wurde ein zweiter Kinosaal geschaffen. 1990 wurde das denkmalgeschützte Kino privatisiert und verkauft und 2010 ging das «Capitol» an die niederländische Familie Van de Merwe, die das Haus heute führt. Über die Jahre wurde das Kino noch mehrfach umgebaut und modernisiert, der Charme des Art-déco-Gebäudes ist jedoch nach wie vor erhalten geblieben.

Sachsen-Anhalt

Cine Circus
Köthen

Kino im ehemaligen Spielcasino. Im Dezember 1998 eröffnete der «Cine Circus» im ehemaligen Köthener «Hotel Rumpf» mit dazugehörigem Spielcasino. Ein Investor hatte das über 100 Jahre alte Gebäude gekauft und es zu einem Lichtspielhaus mit drei Sälen umgebaut. Großer Wert wurde auf den Erhalt des historischen Ambientes der Räume gelegt. Der ehemalige Ballsaal beherbergt nun den großen Kinosaal mit 300 Sitzplätzen. Neben Hollywood-Produktionen werden regelmäßig auch Nonprofit-Filme gezeigt. Seit 2001 führt der ehemalige Theaterleiter des «Capitol» in Bernburg, Steffen Müller, das Haus.

Sachsen-Anhalt

Kiez-Kino
Dessau

1996 eröffnete mit lediglich 45 Plätzen das «Kiez-Kino» – eines der kleinsten Kinos in Deutschland, und damit das einzige Programmkino in Dessau. Es ist ein Projekt des 1991 gegründeten Vereins «Kulturelles Informations- und Einwohnerzentrum», kurz «Kiez», eine Initiative, die sich für den Erhalt historischer Bausubstanz einsetzt und das Gebäude sanierte. Ein Café kam hinzu, in dem erste Filme vorgeführt und Projekte für Kinder und Jugendliche angeboten wurden.

Bis 2019 wurde das «Kiez-Kino» bespielt und pausierte dann für ein Jahr, bis eine Gruppe Filmbegeisterter 2020 den Verein «Film ab! in Dessau» gründeten und den Kinobetrieb wieder aufnahmen. Sie bieten regelmäßig anspruchsvolle Filme für alle Altersgruppen und thematische Kinowochen an. 2021 gewann das ehrenamtlich arbeitende Team den Hauptpreis des Kinoprogrammpreis Mitteldeutschland für das beste Jahresfilmprogramm für alternative Abspielstätten.

Sachsen-Anhalt

Central Theater
Thale

Mitunter ist das «Central Theater» das erste, was man sieht, wenn man in Thale ankommt. Denn der denkmalgeschützte frei stehende Bau ist gegenüber dem örtlichen Bahnhof gelegen. Das Kino wurde 1911 von F. Boenicke mit 400 Sitzplätzen in einem Saal eröffnet. Den Krieg überstand das «Central» unbeschadet, nach 1945 war es unter der Verwaltung der Bezirksfilmdirektion Halle. In dieser Zeit wurde es technisch modernisiert und der Saal auf 96 Sitzplätze verkleinert. Eine Visionsbar hinter Glas mit 17 Sesseln und Tischen kam hinzu. Kurz nach der Wende wurde das «Central Theater» geschlossen und befand sich im Pool der Treuhandgesellschaft. Die Stadt Thale ersteigerte 2001 das Traditionskino und ließ es 2014 sanieren. Im selben Jahr pachtete Sylvia Walther das Haus, in dem sie schon zu Zeiten der DDR als Kassiererin tätig war. Ihr Kinoprogramm mit Service legt den Schwerpunkt auf Familienfilme.

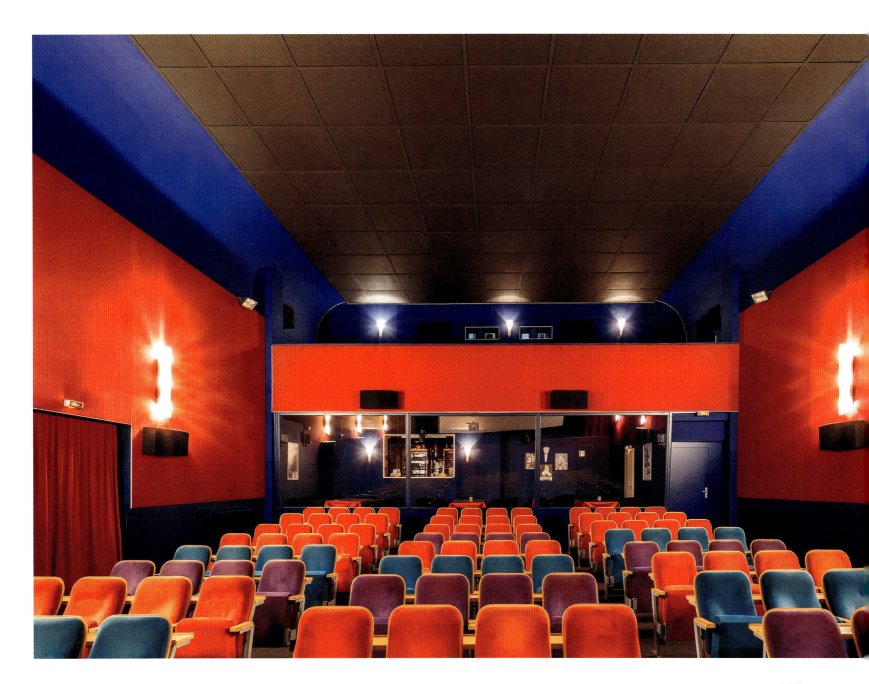

Sachsen-Anhalt

Movie Star
Sangerhausen

Mit der Aufführung des Stummfilms DER MEISTER VON NÜRNBERG – eine Liebeskomödie mit Hans Sachs und Adele Sandrock – begann die Geschichte des Kinos am Kornmarkt im Jahr 1927. Hier eröffnete Willy Jaeger seine für damalige Zeit hochmodernen Lichtspiele «Central Theater». Er betrieb das Kino mit einem Saal bis ins Jahr 1942. Das Haus überstand den Zweiten Weltkrieg unbeschadet und wurde zu Zeiten der DDR zum volkseigenen Betrieb. Nach der Wende erwarb die Ufa 1991 das Kino. 1997 wurde es umgebaut und auf drei Säle mit insgesamt 309 Plätzen erweitert. 2004 erwarb ein Kinounternehmen das «Central Theater» und legte den Kinobetrieb im Dezember 2012 nieder. 2013 eröffnete der neue Eigentümer Sylvio Verfürth es wieder, nun unter dem Namen «Movie Star».

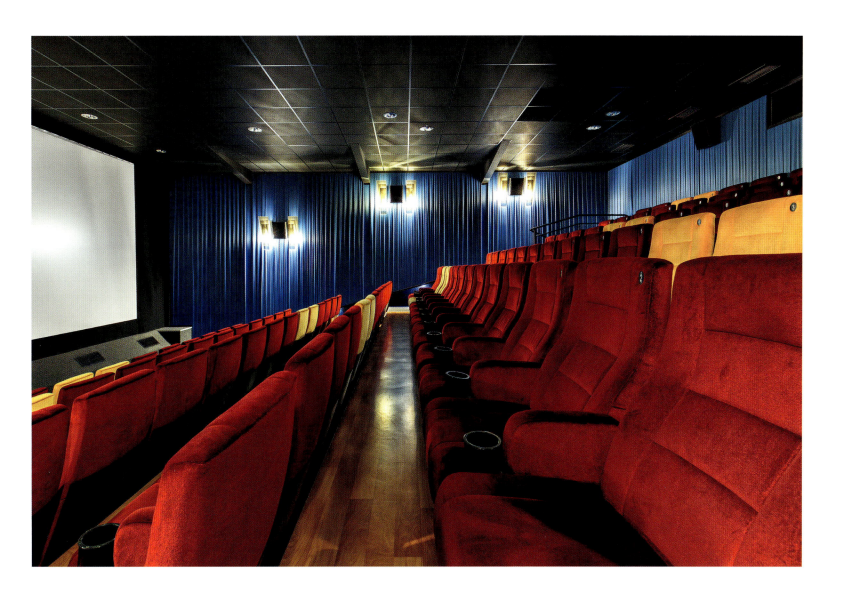

Schleswig-Holstein

Burg Kino
Uetersen

1957 eröffnete das «Burg Kino» in Uetersen und war damit das letzte von ehemals sechs Kinos im Ort. Heute ist es das einzig noch verbliebene. Geführt wird es von Bernd Keichel und Kai Bartels. Keichel ist Ingenieur für Filmwiedergabetechnik und seit 1979 im Kinogeschäft aktiv. 1992 bis 2004 war er technischer Leiter und Filmvorführer im Hamburger Kino «Abaton». 2004 machte er sich mit mehreren Kinos in Schleswig-Holstein selbstständig und führt seit 2004 den Kinobetrieb gemeinsam mit dem Filmtheaterkaufmann Kai Bartels.

Das «Burg Kino» mit Bühne wurde von 1957 bis 2016 von einem Saal auf fünf erweitert. Geboten werden vom Blockbuster bis zur Filmkunst auch kindgerechte Vorstellungen mit gedrosselter Musik und hellerer Saalbeleuchtung sowie lange Filmnächte mit Buffet. Thematische Filme werden zu den Kreis-Umwelt-Tagen vorgeführt. Das Kinoprogramm wurde wiederholt mit dem Kinopreis Schleswig-Holstein ausgezeichnet.

Schleswig-Holstein

Kino im Kleinen Theater Bargteheide
Bargteheide

Wünsch dir was! Im «Kino im Kleinen Theater Bargteheide» sind die Macher um ein besonderes Programm bemüht. Regelmäßig laden sie Filmschaffende ein und zeigen anspruchsvolle Filme, Klassiker, Dokumentationen, Kinderfilme abseits des Mainstreams. Und: Sie berücksichtigen Filmwünsche der Besucher, die für ihre Anregungen Kinotickets gewinnen können. Einmal im Monat steht ein besonderer Film mit anschließendem Publikumsgespräch auf dem Programm und seit 2020 wird ein Kurzfilmfest ausgerichtet. Hinter diesem regen Kinobetrieb steckt der Verein «Kleines Theater Bargteheide», der seit 2019 ehrenamtlich das Haus mit den 344 roten Samtsitzen führt. Kinoleiter ist der geschäftsführende Vorstand Norbert Ohl zusammen mit Vorstand Melvin Jäpel.

1924 eröffneten die damaligen «Linden-Lichtspiele» im Saal der Gastwirtschaft «Lindenhof». Das Gebäude brannte im Oktober 1952 vollständig aus und der damalige Betreiber Günther Hartmann erbaute ein neues Lichtspielhaus mit Bühne und Restaurantbetrieb, das 1954 eröffnete. Im Laufe der Jahrzehnte gab es mehrere Betreiberwechsel, bis 2019 der Verein das Kino übernahm. Das «Kleine Theater» versteht sich heute als integratives Kulturzentrum und wurde 2023 mit dem Kinoprogrammpreis ausgezeichnet.

Schleswig-Holstein

Burgtheater Kino
Ratzeburg

Filmbegeisterte muss man in Ratzeburg nicht lange suchen. Das hiesige «Burgtheater Kino» kann gar als richtige Hochburg bezeichnet werden: Der Filmclub im Haus ist mit 1.500 Mitgliedern der größte in Deutschland. 2006 übernahm mit dem Ratzeburger Martin Turowski ebenfalls ein örtlicher Filmbegeisterter den Betrieb. Schon als Schüler und Student hatte er in seinem späteren Kino gejobbt. In vier Sälen bietet Turowski ein anspruchsvolles Kinoprogramm und kulturelle Veranstaltungen, daneben betreibt er noch das «Eulenspiegelkino» in Mölln.

Sein heutiges imposantes Aussehen mit der klassizistischen Fassade erhielt das Ratzeburger Kino in den 1950er-Jahren. Kinobesitzer Ernst Steinhusen beauftragte den unter anderem wegen seiner Aktivitäten während des Dritten Reichs umstrittenen Hamburger Architekten Caesar Pinnau mit dem Umbau seines Kinos, damals «Schauburg». Zuvor war das ehemalige Brauereigebäude mit Gaststättenbetrieb mehrfachen Umbauten unterzogen worden. Schon Weihnachten 1924 eröffnete Ernst Wegwerth hier ein Kino namens «Ratzeburger Lichtspiele».

In den 1970er-Jahren stand das Kino vor dem Aus. Die Stadt Ratzeburg konnte jedoch durch ihren Kauf den Einzug eines Supermarktes verhindern. Über die Jahre wurde das Haus mehrfach renoviert und modernisiert, zunächst durch die Stadt, ab 1995 durch einen privaten Investor, der 2003 in Insolvenz ging. Seit 2006 führt Turowski das mittlerweile als «Burgtheater» bekannte Kino, das für sein Programm in den vergangenen Jahren von Bund und Land regelmäßig ausgezeichnet wurde.

Schleswig-Holstein

Schauburg
Rendsburg*

Zum 50. Kinojubiläum 1977 erfand sich die «Schauburg» in Rendsburg neu: Bis dahin gab es einen großen Kinosaal mit Balkon, der zu zwei Sälen mit Getränkeservice am Platz umgebaut wurde. Eine alte Orchester-Nische, ein Relikt aus den Anfangsjahren als Stummfilmkino, dient seitdem als Bar für die Getränkeausgabe. Bis heute sind weitere vier Kinosäle hinzugekommen, sodass die «Schauburg» inzwischen vom ‹Großen Haus› mit 165 Plätzen bis zu ‹Truffaut's Filmlounge› mit 22 Plätzen über sechs Leinwände verfügt und damit fast die gleiche Platzzahl wie zur Gründung 1927 bieten kann.

Genau genommen begann die Kinogeschichte in Rendsburg aber sogar noch vor 1927. Schon 1911 eröffnete Amadus Arbs im Ladengeschäft eines ehemaligen Hotels sein erstes kleines Kino. Einige Jahre später plante sein Sohn Carl im gleichen Gebäude ein größeres Kino, dessen Kinosaal er im Hof des ehemaligen Hotels errichtete und 1927 als «Schauburg» eröffnete. Der Saal hatte 350 Plätze im Parkett und 144 auf dem Balkon. 1932 erwarben Emmi und Peter von Fehrn das Lichtspielhaus und betrieben es 20 Jahre lang. Unterstützung erhielten sie dabei von Familie Stender, die ab 1952 den Betrieb übernahm – noch heute ist das Kino im Besitz der Familie. 1980 übernahm es Hans von Fehrn-Stender zusammen mit seiner Frau Karen. Das Programm wurde mehrfach mit Kinoprogrammpreisen des Bundes und des Landes Schleswig-Holstein ausgezeichnet.

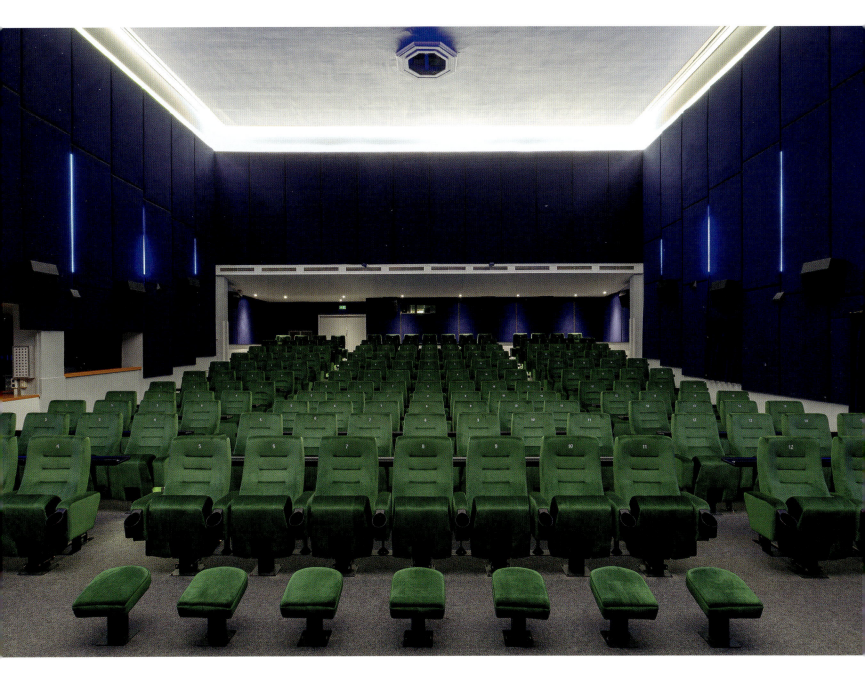

Schleswig-Holstein

Kleines Theater Schillerstraße
Geesthacht

Ein eleganter Neubau mit einer Fassade im Stil der klassischen Moderne, ausgeführt in regionalem Kalksandstein: Mit dem «Kleinen Theater Schillerstraße» verwirklichte der Geesthachter Unternehmer Detlef Kramer seine Idee eines neuen kulturellen Zentrums für seine Heimatstadt. 1993 gründete er zusammen mit drei weiteren Investoren und der Stadt ein Betreiber-Konsortium. Bereits ein Jahr später konnte so im September 1994 das «Kleine Theater Schillerstraße» nach Entwürfen des Architekten Bruno Timm seine Tore öffnen.

Ganz so klein, wie der Name annehmen lässt, ist das «Kleine Theater» jedoch gar nicht. Von Beginn an gibt einen Saal für 293 Besucher mit einer Bühne sowie einer Cinemascope-Leinwand. 2010 kam ein zweiter Kinosaal mit 107 Plätzen hinzu, 2015 das ‹Studio› mit 36 Plätzen. In der «Schiller-Lounge» können die Besucher vor und nach den Vorstellungen gemütlich zusammensitzen, hier gibt es Snacks und Getränke. Seit 2004 ist das Kino im Besitz der Stadt Geesthacht. Für das Kino- und Theaterprogramm sorgt seit 2017 Geschäftsführerin Meike Peemöller gemeinsam mit Kim Schröder. Das Kino wurde mit dem Landeskinopreis Schleswig-Holstein ausgezeichnet.

Thüringen

Club Kino
Zella-Mehlis

Die ehemalige Pension «Zum Schotten» beherbergt seit 2017 das «Club Kino» in Zella-Mehlis. Mit 25 Doppelsitzen und Gastronomie empfängt Kinobetreiber Jörg Spannbauer seine Gäste im ehemaligen Hotelraum, welcher zwischenzeitlich als 365-Tage-Weihnachtsmarkt genutzt wurde.

Nachdem Spannbauers erstes Kino, die «Schauburg», mit vier Sälen abgerissen wurde, betreibt er seit 2017 sein neues Kino mit dem Zusatz «Schauburg2Go», da er auch zum Programmkino noch ein mobiles Kino anbietet. Das Programmkino zeigt anspruchsvolle Filme und arbeitet mit verschiedenen öffentlichen Institutionen zusammen. Es ist auch eine feste Spielstätte des traditionellen Kurzfilmfestivals «Augenblicke». Die Zuschauerzahlen des «Club Kinos» übertrafen die Einwohnerzahlen von Zella-Mehlis.

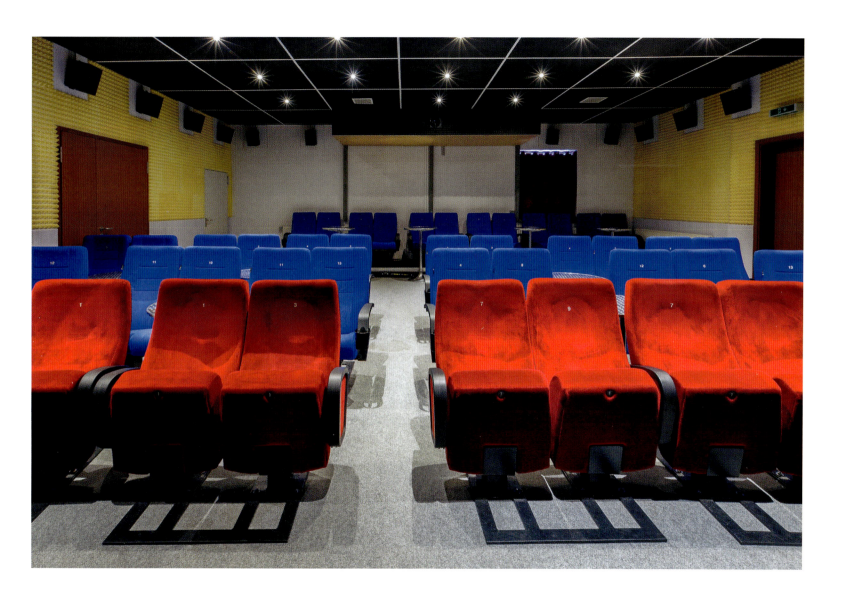

Thüringen

Casino Lichtspiele
Meiningen

Der Name ist noch heute eine Reminiszenz an die eigene Geschichte: 1891 eröffnete die Casino-Gesellschaft ihr Lokal und Gesellschaftshaus nach Entwürfen des Architekten Otto Schubert in Meiningen. 1919 gab es dort schon Stummfilme zu sehen, die «Casino Lichtspiele» zogen ein, aus denen 1929 die «Erste Thüringer Tonfilmbühne» wurde.

Nach der Wende übernahmen Marianne Seel und ihr Ehemann Richard Brändle den Kinobetrieb. Nach längerer Schließung und Umbau der Lichtspiele zu einem modernen Filmtheater nahmen die «Casino Lichtspiele» 1996 ihren Spielbetrieb wieder auf. Das Traditionskino mit ursprünglich einem Saal verfügt heute über sechs Kinosäle. Seit 2014 ist Jens Ripperger der Betreiber. Das Kino spielt ein breit gefächertes Programm von aktuellen Titeln über Liveübertragungen und Kinderkino bis hin zu Arthouse-Filmen.

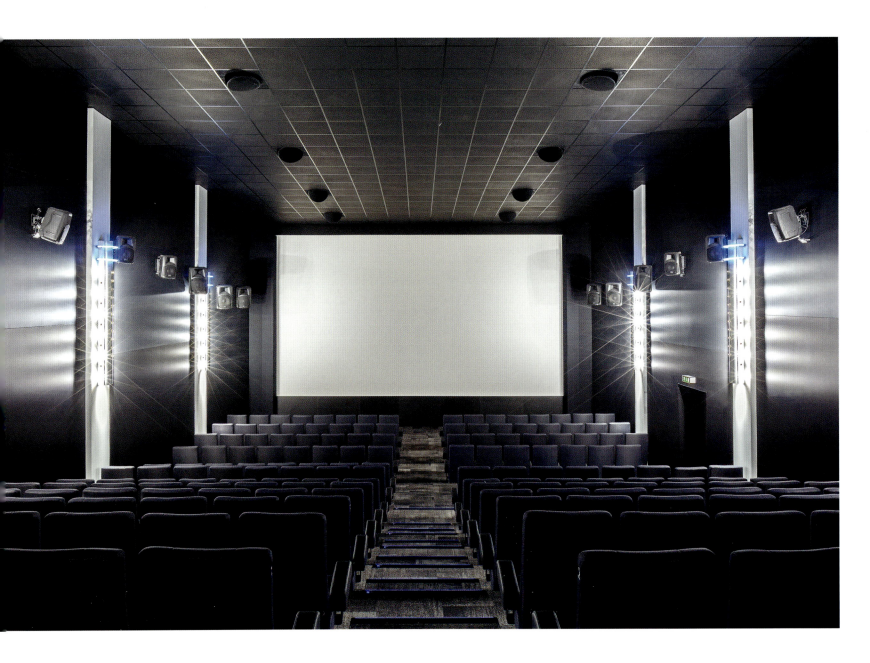

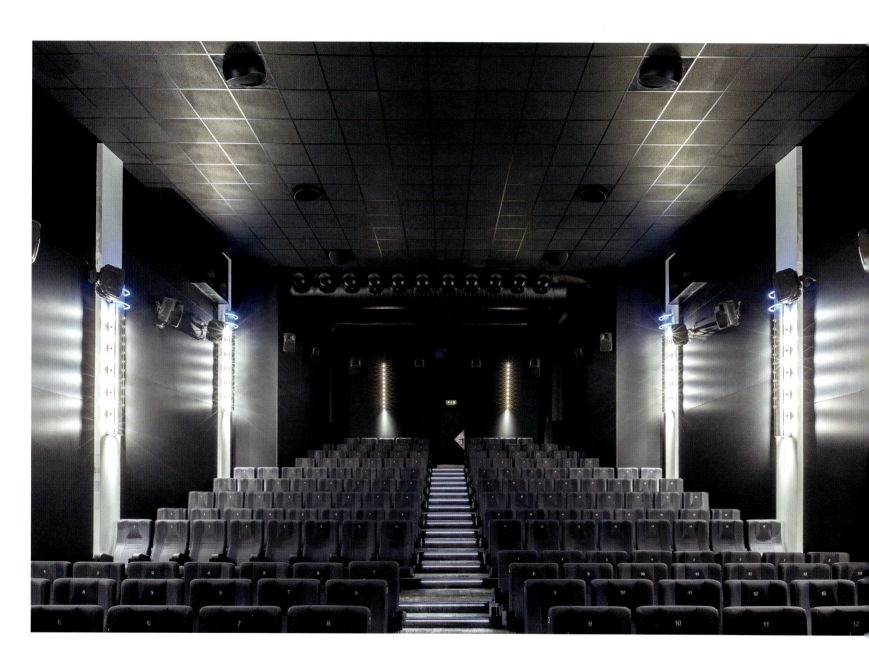

Thüringen

Kino
Wurzbach

Eines der wenigen kommunalen Kinos. Die kleine Stadt Wurzbach betreibt ihr lokales Kino im Original DDR-Design mit einem Saal und 128 Sitzplätzen.

Begonnen hat alles aber bereits 1930: Albert Malz richtete im ehemaligen Tanzsaal der Gaststätte «Thüringer Hof» die «Lichtspiele Wurzbach» ein. Die Bestuhlung war lose und der Saal wurde im Winter mit einem Kachelofen beheizt. Tochter Ursel malte zu Hause die Filmplakate. 1956 bis 1960 wurde das Kino umfassend umgebaut, technisch modernisiert sowie ein separater Eingang geschaffen. In den 1980er-Jahren schloss das Kino für vier Jahre, um vom «VEB Lichtspiele Thüringen» grundlegend renoviert zu werden. 1985 wurde Christiane Stadler als neue Theaterleiterin angestellt. 25 Jahre legte sie als Filmvorführerin analoge Filme ein und sorgte für weitere Modernisierungen. 2010 übergab sie die Aufgabe an Jörg Stopperan. 2015 stand das Kino dann vor dem Aus, die Technik war veraltet. Bürgermeister Jan Schübel und Stellvertreter Wolfgang Bauer setzten sich für den Erhalt des Traditionskinos ein. So gelang es auch mit Unterstützung von Sponsoren und Benefizveranstaltungen, das Haus digital umzurüsten.

Thüringen

Holzlandkino
Bad Klosterlausnitz

Wohnzimmeratmosphäre herrscht im «Holzlandkino» in Bad Klosterlausnitz. Ursprünglich war im Vorführsaal für 85 Zuschauer einmal der Tanzsaal eines benachbarten Hotels untergebracht. Dies ist jedoch schon viele Jahre her, denn bereits seit 1937 gibt es hier ein Kino. Bis zum Ende der DDR gehörte es den volkseigenen Lichtspielbetrieben des Bezirks Gera, daher leitete sich auch der ursprüngliche Name «Volkslichtspiele» ab.

Der heutige Besitzer Christian Gronde kaufte das Kino im Jahr 2000 von der Ufa. Nach umfänglichen Umbauten eröffnete er 2001 unter dem Namen «Holzlandkino» und mit einem Gastronomie-Angebot, der urigen Kinobar, wieder. Ein Jahr lang ließ sich der gelernte Einzelhandelskaufmann zuvor als Quereinsteiger vom alten Filmvorführer des Hauses noch in die 35-mm-Filmtechnik einarbeiten. Seit 2012 ist das Traditionskino jedoch digitalisiert. Pate für den Namen ist die Region Thüringer Holzland.

Thüringen

Linden-Lichtspiele
Ilmenau

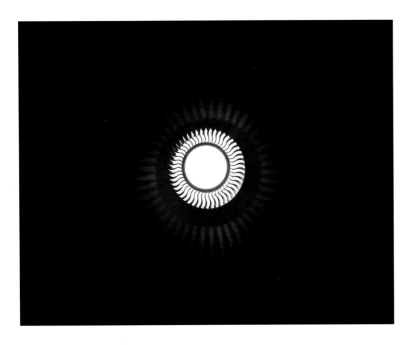

Vom Theater übers Theaterkino bis zum Kino: 1907 ließ der Eigentümer F. Hermann Schulz im Lindentheater sporadisch Filme vorführen. Johann Mohr übernahm das Haus ab 1918 und nannte es ab da «Lindentheater-Lichtspiele». Ab 1924 richte Richard Janson einen ständigen Kinobetrieb ein und benannte das Haus in «Linden-Lichtspiele» um. Bis 1931 führte er das Kino, anschließend kam es zu häufigen Besitzerwechseln.

Ab 1996 modernisierten Marianne Seel und ihr Ehemann Richard Brändle das Kino und eröffneten wieder mit drei Sälen, 2001 erweiterten sie die «Lichtspiele» durch einen Anbau auf mittlerweile fünf Säle. Das Programm reicht von aktuellen Großproduktionen über Liveübertragungen und Kinderkino bis hin zu Arthouse-Filmen. Der heutige Betreiber Jens Ripperger betreibt ebenfalls die «Casino-Lichtspiele» in Meiningen.

Quellen

Traumpalast, Backnang
Heinz Lochmann, Traumpalast

Centraltheater, Leutkirch
Wolfgang Bietsch, Cineclub Leutkirch e.V.
blaetterkatalog.schwaebische.de: https://is.gd/dO7jfG

Kino im Waldhorn, Rottenburg
Elmar Bux, Kino im Waldhorn
allekinos.com
tagblatt-anzeiger.de: https://is.gd/BazR93

Krone Theater, Titisee
Leopold Winterhalder, Krone-Theater
allekinos.com: https://is.gd/TW5duJ
badische-zeitung.de: https://is.gd/kAGd6m

Subiaco e.V., Alpirsbach
Subiaco e.V.

Kulisse, Ettlingen
Marcus Neumann, Kulisse

Central Theater, Müllheim
Familie Karg, Central-Theater

Filmhaus Huber, Türkheim
Rudolf Huber, Filmhaus Huber

Marias Kino, Bad Endorf
Jürgen Bach, Marias Kino
chiemsee-alpenland.de: https://is.gd/bDlNbn

filmburg – Das Theaterkino, Marktoberdorf
Familie Bloching
Monika Schubert, Filmburg – Das Theaterkino
filmburg.de: https://is.gd/h1vReJ

Dampfsäg, Sontheim
Verena und Yuri Bilgram, Dampfsäg

Casablanca, Ochsenfurt
Gert Dobner, Casablanca

Scala, Hof
Moritz Schrenk, Scala

Phantasia Kino, Gangkofen
Thomas Plank, Phantasia Kino

Kammerspiele, Treuenbrietzen
Kammerspiele

Kino im Multikulturellen Centrum e.V., Templin
Kathrin Bohm-Berg, Multikulturelles Centrum

Neue Kammerspiele, Kleinmachnow
Carolin Huder, Kammerspiele

Weltspiegel, Finsterwalde
Torsten Siegbert, Weltspiegel
radioeins.de: https://is.gd/Hf1Ohr

Kino Café Bar, Dahme
Thomas Ulrich, Kino Café Bar
maz-online.de: https://is.gd/tj3EY5

Apollo, Grünberg
Edith Weber, Apollo und Turm

Lichtspielhaus, Groß-Gerau
Anja Wenz, Lichtspielhaus

Rex Palast, Dreieich
Dr. Stephan Kreisel, Rex Palast
viktoriakino.de: https://is.gd/Qo7Ysj

Luxor Filmpalast, Bensheim
Luxor-Filmpalast

Pastori, Weilmünster
Pastori
allekinos.com: https://is.gd/YmwHNG
Der Glöckner von Notre Dame und die Madonna der sieben Monde, Syndikat Verlag 1977
fernsehmuseum.info: https://is.gd/JDkp5A

Saalbau-Lichtspiele, Heppenheim
Dr. Jörg Fritz, Saalbau-Lichtspiele

Fabrik Kino, Neustrelitz
Horst Conradt, Fabrik Kino

Clubkino, Zinnowitz
Michael Hoppach, Club-Kino

Orpheum, Schönberg
Stefan Scholz, Orpheum

Volksbühne, Ueckermünde
Christian Guhl / Christian Klementz, Volksbühne
Hans-Eberhard Albrecht, Ueckermünder Heimatbund «August Bartelt e. V.»

Cinema, Prerow
Frank Schleich, Cinema Prerow

Capitol Kino, Hann. Münden
Dr. Wolfgang Würker, Capitol Hann. Münden

Astoria und Alpha Kino, Peine
Angelika Nazikbacak / Frank Rossi, Astoria und Alpha

Lichtspiele, Gronau
KulturKreis Gronau e.V., Lichtspiele Gronau

Neue Schauburg, Northeim
Torben Scheller, Neue Schauburg
allekinos.com: https://is.gd/atDyAh

Lichtburg, Quernheim
Karl-Heinz Meier, Lichtburg

Neue Schauburg, Burgdorf
Familie Lindemann, Neue Schauburg

Harsefelder Lichtspiele, Harsefeld
Familie Engelmann, Harsefelder Lichtspiele

Kinorama, Unna
Guido Rottstegge, Kinoramma
allekinos.com: https://is.gd/s6ylc2

Filmpalast, Lüdenscheid
André Lubba, Filmpalast

Corso Film Casino, Nettetal
Harald Töpfer, Corso Film Casino

Viktoria Filmtheater, Hilchenbach
Jochen Manderbach, Viktoria Filmtheater

JAC Kino, Attendorn
Christin und Johannes Cordes, JAC Kino

Berli Theater, Hürth-Berrenrath
André Jansen, Berli Theater

Pro-Winzkino, Simmern
Margit Klein
Wolfgang Stemann, Pro-Winzkino
sim-rhb.de: https://is.gd/Of9LrY

Apollo, Cochem
Maximilian Bugdahn, Apollo
wochenspiegellive.de: https://is.gd/DGS4si

PROVINZ Programmkino, Enkenbach-Alsenborn
Ursula Simgen-Buch, PROVINZ Programmkino

KREML Kulturhaus, Hahnstätten/Zollhaus
Thomas Scheffler, KREML Kulturhaus

Broadway Kino, Ramstein
Renate Goldhammer / Ernst Pletsch, Broadway

Eifel-Film-Bühne, Hillesheim
Familie Runge, Eifel Filmbühne
eifelschreiber.com: https://is.gd/rxxrMI

Schmelzer Lichtspiele, Schmelz
Margit Müller, Lichtspiele Schmelz
schmelzer-lichtspiele.de: https://is.gd/TtdMyG

Lichtspiele, Wadern
Hanns Peter Ebert, Lichtspiele Wadern

Kinowerkstatt, St. Ingbert
Wolfgang Kraus, Kinowerkstatt

Cinetower, Neunkirchen
Andreas Simon, Cinetower

Lichtspiele, Losheim
Astrid Härtel, Lichtspiele Losheim

KulturKino, Zwenkau
Katharina Seifert, kulturinitiative zwenkau e.V.

Kulturhaus, Böhlen
Christiane Fuhrmann, Kulturhaus Böhlen

Welt-Theater, Frankenberg
Welt-Theater/Sa. e.V.

Kunstbauerkino, Großhennersdorf
Antje Schadow, Kunstbauerkino e.V.

Clubkino, Siegmar
Thilo Götz, Clubkino
chemnitz.de: https://is.gd/TTpHNO

Capitol, Bernburg
Van der Merwe, Capitol Bernburg
mz.de: https://is.gd/Am0S9M

Cine Circus, Köthen
Christian Kück, Cine Circus

Kiez-Kino, Dessau
Verein Kiez e.V.

Central Theater, Thale
Sylvia Walther, Central Theater
web.archive.org: https://is.gd/GrLeFU

Movie Star, Sangerhausen
Sylvio Verfürth, Movie Star
allekinos.com: https://is.gd/pDvaYO

Burg Kino, Uetersen
Bernd Keichel, Burg Kino

Kino im Kleinen Theater, Bargteheide
Kino im kleinen Theater
allekinos.com: https://is.gd/p4w3Lh

Burgtheater Kino, Ratzeburg
Martin Turowski, Burgtheater
allekinos.com: https://is.gd/8RqFcJ

Schauburg, Rendsburg
Karen und Hans von Fehrn-Stender, Schauburg

Kleines Theater Schillerstraße, Geesthacht
Kleines Theater Schillerstraße

CLUB Kino, Zella-Mehlis
Jörg Spannbauer, CLUB Kino

Casino Lichtspiele, Meiningen
Jens Ripperger, Casino Lichtspiele

Kino, Wurzbach
Wurzbacher Stadtkurier, 03.06.2022

Holzlandkino, Bad Klosterlausnitz
Tanja Biereigel / Christian Gronde, Holzlandkino

Linden-Lichtspiele, Ilmenau
Jens Ripperger, Linden-Lichtspiele

Dank

Von Herzen danke ich Manfred Wigger, Ille Oelhaf, Anja Beutler, Cathrin Siegler, Christiane Schäfer, Andreas Dresen, Karen und Hans von Fehrn-Stender, Volker Kufahl, Monika Schubert und dem Schüren Verlag für die so unterstützende wie motivierende Reisebegleitung auf meiner Tour durch die Kinolandschaft. Es war eine wunderbare Zusammenarbeit!

Mein Dank gilt ferner allen Kinobetreibenden, die mir ihre Türen geöffnet und mir Zugang zu ihren Kinowelten gewährt haben.